Oliver D. Bidlo

Sehnsucht nach Mittelerde?

AF513943

Für Rosa, Thorald und Wieland

Oliver D. Bidlo

Dr. phil., wurde 1973 in Essen geboren, studierte Kommunikationswissenschaft, Soziologie und Germanistik. Derzeit Habilitand an der Bauhaus-Universität Weimar. Er ist Mitglied der Deutschen Tolkiengesellschaft (DTG). Über Tolkien und sein Werk sind von ihm neben einer Reihe von Aufsätzen die Monographie *Mythos Mittelerde. Über Hobbits, Helden und Geschichte in Tolkiens Welt* erschienen.

Oliver D. Bidlo

Sehnsucht nach Mittelerde?

ldib
Verlag

Bibliografische Information der Deutschen Nationalbibliothek
Die Deutsche Nationalbibliothek verzeichnet diese
Publikation in der Deutschen Nationalbibliografie.
Detaillierte bibliografische Daten sind im Internet
über http://dnb.ddb.de abrufbar.

© 2013 Oldib Verlag
Waldeck 14, 45133 Essen
www.oldib-verlag.de, info@oldib-verlag.de
Umschlagbild: Melanie Philippi
http://esmeroth.deviantart.com
Herstellung: BoD, Norderstedt

ISBN 978-3-939556-38-1

Dieses Werk ist urheberrechtlich geschützt. Jede Verwendung, die über den Rahmen des Zitatrechtes bei vollständiger Quellenangabe hinausgeht, ist honorarpflichtig und bedarf der schriftlichen Genehmigung des Verlages.

Inhalt

Vorwort zur neuen Verlagsausgabe

Die Grundthemen dieses Buches – die Sehnsucht und die Romantik in Tolkiens Welt – sind seit Erscheinen der ersten Ausgabe 2003 weiter gewachsen. Natürlich waren sie bei den Leserinnen und Lesern schon immer vorhanden, wenngleich dunkel und kaum ausformuliert. Doch mittlerweile hat sich auch der akademische Zirkel mit Tolkien und seinem Verhältnis zur Romantik stärker auseinandergesetzt. An dieser Stelle sei exemplarisch das Jahrbuch Nr. 7, 2010 der Deutschen Tolkien Gesellschaft (DTG) »Hither Shore« mit dem entsprechenden Titel »Tolkien und die Romantik« erwähnt. Das hier vorliegende Buch will auch in seiner neuen Form kein durch und durch wissenschaftliches oder akademisches Büchlein sein, nähert es sich doch – unwissenschaftlich – über das Gefühl, die Emotion – nämlich der Sehnsucht – dem Phänomen der Tolkienbegeisterung. Das war seinerzeit der Ausgangspunkt des Buches und soll es auch jetzt noch sein. Gleichwohl sind die Übergänge fließend, so pendelt der hier gewählte sprachliche Duktus zwischen Essay, wissenschaftlichem Aufsatz und populärem Sachbuch und wurde, trotz der mittlerweile 10 Jahre zwischen beiden Ausgaben, beibehalten.

Erweiterungen hat der Band durch Ergänzungen, Überarbeitungen und das Hinzufügen einzelner Kapitel erfahren, die auch Ergebnis einer Reihe von Vorträgen auf Tolkienveranstaltungen sind, und die nicht zuletzt auf der von Dirk Bartholomä veranstalteten RingCon interessierte Zuhörerinnen und Diskutanten fanden. Beiden sei an dieser Stelle herzlich gedankt; einmal für die Möglichkeit des Vortragens und Präsentierens der ansonsten weitgehend am Schreibtisch stattfindenden Arbeit, zum anderen für das Interesse an den Vorträgen und den sich daran anschließenden Diskussionen.

Weiterhin wurden ergänzend Ausarbeitungen hinzugenommen, die an anderer Stelle in veränderter Form publiziert wurden.

Inhaltlich wurde besonders der Aspekt der Sehnsucht in Tolkiens Denken weiter ausgearbeitet, die Sehnsucht als Triebfeder für die eigene Kreativität. Das scheint mir ein grundlegender Aspekt zu sein, der durch die Welt Mittelerde hindurchscheint und auch – so meine Vermutung – in vielen Leserinnen und Lesern hervorgerufen wird. Und beide Begriffe stehen, wie auch Tolkien selbst, in einem Kreuzpunkt zur Romantik.

Mein besonderer Dank gilt an dieser Stelle Dr. h.c. Julian Eilmann für die Bereitschaft, ein Vorwort für diese erweiterte Ausgabe zu verfassen, einem verwandten Romantiker im Geiste. Meiner Frau Hanna Kröger-Bidlo danke ich für die vielfältige Hilfe beim Lektorat des Buches. Alle noch darin enthaltenen Fehler sind aber meine eigenen. Schlussendlich danke ich allen Kolleginnen und Kollegen, mit denen ich mein Interesse an Tolkien und seinem Werk teile und die ich ohne dieses Interesse wohl nicht kennengelernt hätte.

Vorwort von Julian Eilmann

Sehnsucht nach Mittelerde? Wer den Klappentext des Buches von Oliver Bidlo aufmerksam liest, der hat bereits eine grobe Vorstellung, wo die Reise auf den folgenden Seiten hingehen wird: Tolkiens Mittelerde. Aber warum lässt uns diese fantastische Welt Mittelerde nicht mehr los, die so vielen Leser seit Jahrzehnten offenbar ans Herz gewachsen ist? Was macht die Faszination gerade dieser literarischen Schöpfung aus?

Oliver Bidlo greift diese wesentlichen Fragen, die sich die meisten Tolkien-Leser sicherlich schon einmal gestellt haben, im vorliegenden Buch auf. Besonders spannend ist hierbei das gewählte »Teleskop«, mit dem der Autor Tolkiens Werk betrachtet. So liegt dem vorliegenden Buch der anregende Gedanke zugrunde, Tolkiens Mythologie vor dem Hintergrund der geistesgeschichtlichen Epoche der Romantik zu untersuchen. Tolkien als Romantiker? Für manchen sicherlich ein irritierender Gedanke, was aber in erster Linie daran liegt, dass uns heute mehr als 150 Jahre von der Blütezeit derjenigen Epoche trennen, die wir als Romantik bezeichnen. Folglich besitzen wir nur noch einen verwässerten Romantikbegriff. So denken die meisten beim Stichwort Romantik möglicherweise an ein »romantisches« Dinner bei Kerzenschein oder an kitschige Sonnenuntergänge an Südseestränden. All diese Bilder und Vorstellungen, die uns durch Werbung, Hollywoodfilme und eigene Erfahrungen präsent sind, haben jedoch nur noch am Rande

mit dem zu tun, was die Romantiker des 19. Jahrhunderts damit gemeint haben.
Romantik umfasste einmal ein geradezu revolutionäres dichterisches und philosophisches Programm, dem der Grundgedanke zugrunde liegt, dass in allen Dingen der materiellen Welt ein Geheimnis oder ein »Zauber« schlummern müsse, weil uns Menschen die umgebende Welt eben nicht kalt lässt, sondern wir von der Welt, besonders der Natur, oftmals tief im Herzen bewegt werden, manchmal so tief, dass wir den Eindruck haben, als ob da etwas ist, was uns ruft und uns im Innersten berührt. Niemand hat diesen Gedanken so schön auf den Punkt gebracht, wie der Romantiker Joseph v. Eichendorff in seinem weltbekannten Gedicht *Wünschelrute*:

»Schläft ein Lied in allen Dingen,
Die da träumen fort und fort,
Und die Welt hebt an zu singen,
Triffst du nur das Zauberwort.«

Der Romantiker ist derjenige, der dieses schlummernde Lied in allen Dingen spürt, es nicht verleugnet, wie der Materialist, sondern es ernst nimmt und auf Grundlage seiner Sehnsucht – und das ist das Entscheidende – selber kreativ tätig wird. Es ist diese existentielle – oftmals schmerzliche – Sehnsucht des Romantikers, die ihn dazu treibt zu dichten, zu musizieren oder dem erahnten Geheimnis in anderer Form Ausdruck zu verleihen. Auf diese Weise findet der Ruf des Zauberliedes im Werk des Künstlers eine Antwort, auf dass die Augen anderer Menschen für das Wunder geöffnet werden.

Oliver Bidlo gebührt die Ehre, als Erster die Frage aufgegriffen zu haben, inwiefern Tolkiens Werk von diesem Geist der Romantik durchdrungen ist. In der angloamerikanischen Forschungsliteratur fiel der Begriff Romantik im Zusammenhang mit Tolkien bisher nur sporadisch und niemand schien auf den Gedanken gekommen zu sein, dass Tolkiens Werk in der romantischen Tradition stehen könnte. Dies ist umso erstaunlicher, als bei Lektüre des vorliegenden Buches mehr als deutlich wird, dass gerade der romantische Geist in Tolkiens Werk essentiell dafür verantwortlich ist, dass dieses Werk auch 60 Jahre nach seiner Erstveröffentlichung (*Der Herr der Ringe*, 1954/55) Millionen von Leser anspricht und fasziniert.

Denn es sind nicht allein die spannenden Abenteuergeschichten, die Tolkien in seinen Romanen so meisterlich erzählt, es ist nicht allein die Präzision einer minutiös ausgestalteten fantastischen Welt und es ist nicht allein die einzigartige Schönheit der von Tolkien erfundenen Elbensprachen. All diese Aspekte und Hunderte andere spielen eine Rolle für die ungebrochene Wirkung auf uns Leser. Jeder Einzelne wird hier etwas Anderes nennen und in den Vordergrund stellen.

Ungeachtet dessen erscheint mir jedoch der romantische Gehalt von Tolkiens Werk wesentlich. Ich kann mich noch gut daran erinnern, dass es bei der Lektüre von Tolkiens Werken viele Passagen gab, an denen ich innehalten musste, weil diese Stellen das taten, was große romantische Werke beim Leser tun: Sie berühren mit ihrem poetischem Zauber etwas im Herzen, lassen etwas anklingen und wecken so eine Sehnsucht nach etwas Erhabenem, das die alltägliche Welt transzendiert. Wer einmal Tolkiens Schilderung gelesen hat, wie Tuor als erster Sterblicher das Meer erblickt, weiß, was ich meine, denn hier wird die romantische Sehnsucht selbst zum Thema gemacht:

> »Auf diese Weise […] gelangte er unvermittelt an das steil abfallende, schwarze Ufer Mittelerdes und erblickte das Große Meer, Belegaer, das Uferlose. Und in dieser Stunde versank hinter dem äußersten Rand der Welt die Sonne wie ein riesiges Feuer. Tuor stand mit ausgebreiteten Armen allein auf der Klippe, und eine tiefe Sehnsucht erfüllt sein Herz. Es heißt, er sei der erste Mensch gewesen, der bis ans Große Meer vordrang, und niemand, die Eldar ausgenommen, habe jemals tiefer jenes Verlangen verspürt, das von diesem Meer ausging.«

Aus dem bisher Gesagten wird sicherlich deutlich, dass Tolkien hier ein im eigentlichen Sinne romantisches Erlebnis schildert. Tuor erfährt eben jene Begeisterung, die der Romantiker durch die ihn umgebenden Wunder spürt. Die Folge ist eine unstillbare romantische Sehnsucht.

Romantiker sind die besseren Tolkien-Leser, eine These, die Oliver Bidlo einmal provokativ aufgestellt hat. Ob dies stimmt, muss jeder Leser für sich selbst herausfinden. Meiner Ansicht nach spricht aber Vieles dafür, dass derjenige, der die Sehnsucht nach Mittelerde spürt und hiervon angetrieben dem Pfad der Romantik folgt, dem Kern von Tolkiens Werk sehr nahekommt. In diesem Sinne bin ich ein Romantiker. Vielleicht stellen Sie bei Lektüre des vorliegenden Buches fest, dass Sie auch einer sind.

Dr. h. c. Julian Eilmann, Aachen im Sommer 2013

Zum Geleit

Die beständige Hinwendung der Leserinnen und Leser zu Tolkiens Welt Mittelerde, das nicht abreißen wollende Interesse an diesem mythischen, doch oft auch nahezu »realen« Schauplatz von Krieg, Freundschaft, Abenteuern und Gemeinschaft, von Magie und Sehnsucht überrascht heute immer noch und lässt den Fragenden, der Gründe hierfür finden möchte oftmals achselzuckend zurück. Vielleicht sollte man dies erst gar nicht versuchen, möglicherweise gibt es überhaupt keine Gründe hierfür oder womöglich sind die Gründe so vielfältig, dass man sie kaum oder nicht umfassend ergründen könnte. Vielleicht zerstört man sogar mehr als man auf dieser Suche gewinnen mag und jene für viele Menschen so kostbare Welt zerrinnt wie Sand zwischen den Händen.

Dieses Buch möchte einmal einen anderen Pfad beschreiten, sich aus einer anderen Richtung dieser Faszination hervorrufenden Welt Mittelerde nähern, die Tolkien in unvergleichlicher Vollendung und Akribie entwarf. Vieles von dem, was Tolkien in seinen Geschichten bewusst und unbewusst verankerte, wurde entdeckt; man spürte den unterschiedlichen Mythen und Legenden aus germanischer, keltischer und mittelalterlicher Kultur nach, fand Rätsel und sprachliche Rätselspiele, erkundete die Genealogien der Elben, Zwerge, Hobbits und des Menschengeschlechts, fand Karten, Musik, Architektur und eigentümliche Sprachen. Der Detailreichtum und die Fülle an Einzelheiten erfreuen das Herz der Leserinnen und Leser. Und es bereitet immer wieder Freude Tolkiens Geschichten – ganz gleich, ob es sich um den *Herrn der Ringe*, das *Silmarillion*, den *Hobbit* oder andere Erzählungen handelt, erneut zu lesen und bei seinen Streifzügen immer wieder auf Neues, zuvor Unentdecktes zu stoßen. So kann man nahezu bei jedem abermaligen Lesen eine neue Perspektive finden, und das Bild, das Verständnis für diese Welt wird detaillierter und bunter, obgleich sich eigentlich oder glücklicherweise nie das Gefühl einstellt, dass man nun umfassendes Wissen über Mittelerde erworben hat.

Dergestalt mag dieser Umstand auch dazu führen, dass sich gerade lexikalisch aufbereitetes Wissen besonderer Beliebtheit erfreut, was die verschiedenen Lexika über Tolkien und die Welt Mittelerde und ihre Verbreitung eindrucksvoll darlegen. Sie dienen dem Leser und der Leserin dazu, Ordnung in jene komplexe Welt zu bringen und auch den kompliziertesten Verbindungen folgen zu können. Insofern sind die verschiedenen Lexika und ihre Beliebtheit auch ein Beleg für den Wunsch, noch tiefer in diese Welt einzutauchen und sie in Händen festhalten zu wollen. Über Fakten, Zahlen und Kenntnisse von Zusammenhängen ergibt sich eine anschauliche Möglichkeit, seiner Verbundenheit und seiner Freude an Mittelerde und seinen Bewohnern Ausdruck zu verleihen. In ihnen kann man quantitatives Wissen erwerben und durch dieses Einzelheiten genauer beleuchten.

Allerdings entspringt dieser Wunsch nun einem Gefühl und einer Ergriffenheit, welche oft nur sehr selten, zumeist in enger, vertrauter Runde besprochen und thematisiert werden, da sie sehr privat und mit der eigenen Biographie verwoben sind. Es geht mir hier um die tiefe Emotionalität, die

das Lesen des *Herrn der Ringe*[1] bei seinen Leserinnen und Lesern hervorruft. In der Tat, kommt man mit Tolkienfreunden ins Gespräch, so findet man sich sehr schnell in einer Diskussion über allerlei Interessantes und einzelne Details wieder, und die Zeit scheint für einen Augenblick ihre Bedeutung zu verlieren. Hier spricht man über die unterschiedlichen Völker und ihre jeweiligen Eigenarten, diskutiert über einzelne Aspekte, z.B. ob Boromir tatsächlich so niederträchtig handelte, als er versuchte den Einen Ring in seine Gewalt zu bekommen oder ob er letztlich seine Schuld, die er auflud, durch sein anschließendes beherztes und heldenhaftes Eingreifen abgegolten hat.
Doch was empfand man, als man den Herrn der Ringe ausgelesen hatte? Welches Gefühl ließ er in einem zurück? Stellt man jene Frage in solchen Runden des Gespräches über Mittelerde, folgt häufig zunächst betretenes Schweigen, bis dann nach und nach meist immer wieder die gleichen Schilderungen zu vernehmen sind: Ein tiefes Berührtsein, eine Sehnsucht nach der Welt Mittelerde, ihrer Natur und ihren Bewohnern, zumindest nach den friedliebenden, und eine leise Melancholie, die sich mit jenen Gedanken verbindet. Die gedankliche Barriere zu überwinden und nochmals über die grünen Hügel des Auenlandes zu wandern oder durch den Fangornwald umherzuziehen, jenen uralten Wald am südlichen Ende des Nebelgebirges, dieses Gefühl von Wehmut ergreift das Herz nach der Lektüre. Es ist ein Ge-

[1] Ich gehe bewusst von dem *Herrn der Ringe* aus, da er neben dem *Hobbit* oft die Einstiegsliteratur für Mittelerde und jeden weiteren Erkundungszug durch diese phantastische Welt ist und gerade hier eine tiefe Emotionalität hervorgerufen wird, die man mit dem Begriff »Sehnsucht« bezeichnen kann. Obwohl natürlich *Das Silmarillion* oder *Der Hobbit* diesbezüglich auch kaum ausgeblendet werden können.

fühl, dass die eigene Welt in ihrem Innersten auch anders sein könnte, dass unserer Welt etwas fehlt.

In vielen persönlichen und »virtuellen« Gesprächen mit Tolkienfreunden, Fans und Interessierten stellte ich jene Frage zur Diskussion und immer bildete sich aus ihr die einhellige Meinung zurückkehren zu wollen nach Mittelerde, dort einmal »hinfahren« zu können. Sicherlich, es gab grundsätzlich das ganze rationale Sortiment von Gegenargumenten: Eine aus der Perspektive der Romantik betrachtet mittelalterliche Welt – und tatsächlich vermittelt Tolkiens Mittelerde in vielerlei Hinsicht eine mittelalterliche Atmosphäre – ohne die Annehmlichkeiten des modernen Lebens, wie z.B. medizinische Versorgung, elektrischer Strom, Internet, Telefon, Auto, Fast Food, wäre für den heutigen aufgeklärten Menschen doch keine wirklich wünschenswerte Umgebung. Dennoch waren die Allermeisten der einhelligen Meinung, jedweden Vorwürfen der Weltflucht, Träumerei und Spinnerei zum Trotz, dort gerne leben zu wollen und sei es für manche auch nur für eine gewisse Zeit, sozusagen als »Urlaub«. Was aber könnte einen heutigen Menschen reizen, in eine solch schwierige und unsichere Welt reisen zu wollen? Ein interessanter Punkt, der sich herausbildete, war der Hinweis einiger Leser, dass Tolkiens Werk die Fähigkeit besitzt, einen Dialog mit dem Leser zu führen. Tatsächlich wechselt der Standpunkt, den man beim Lesen einnimmt, auch und gerade aufgrund der eigenen Entwicklung, die man im Laufe seines Lebens macht. Dergestalt entwickeln sich im Fortgang der Jahre des Lesens von Tolkiens Büchern immer wieder neue Standpunkte und ein wechselndes Verständnis der Dinge über die Tolkien spricht. Das meint nicht, dass man nur im Laufe der Jahre Tolkiens Geschichten besser versteht oder verstehen kann. In der Tat glaube ich nicht, dass es eine hervorgehobene und einzig richtige Art und Weise, »den« Weg des Verständnisses seiner Werke gibt.

Die Leistung seiner Erzählungen liegt doch vielmehr in ihrer Schöpferkraft und der Wirkung auf den einzelnen Leser und die einzelne Leserin in der je subjektiven Ausprägung. So ist es eine mögliche Wirkung auf Tolkienleser, dass sie angeregt werden, die eigene Welt so zu gestalten, wie sie diese gerne hätten. Frei im Denken und frei im Handeln mit Inspirationen aus Büchern, die einem eine Tür oder ein Fenster öffnen und neue (und alte) Sichtweisen für die je eigene Realität vermitteln. Dies mag vielleicht ein Grund dafür sein, dass die Lektüre von phantastischer Literatur häufig belächelt wird. Denn tatsächlich führt die Lektüre phantastischer Literatur mitunter zu einem neuen Zugang und einem besseren Verständnis der je eigenen Realität. So »ausgerüstet« wird man häufig selbst zum Produzenten von Ideen, die bei den anderen Menschen eine Perturbation, d.h. eine Störung oder Verwirrung im gewöhnlichen Alltagsdenken und -handeln hervorrufen. So ist es für diese Menschen häufig leichter, solcherlei Leserinnen und Leser oder entsprechende Autorinnen und Autoren zu belächeln, als sich konkret mit ihnen auseinanderzusetzen.

Dieses Buch möchte nun einmal die tiefe Emotionalität beschauen, die Tolkiens Lektüre hervorruft und nach Antworten suchen auf die Frage »Sehnsucht nach Mittelerde?« Es beabsichtigt dabei nicht, besonders originell, innovativ oder vollständig zu sein oder völlig neue, zuvor unentdeckte

Aspekte aufzuzeigen. Das Buch ist vielmehr eine, und wie könnte es auch anders sein, persönliche Auswahl einiger meiner Gedanken und Anregungen aus Gesprächen, die mich besonders beschäftigten. So beispielsweise die Frage, ob oder inwiefern man dem *Herrn der Ringe* und den anderen Werken Tolkiens eine negative Realitätsflucht fördernde Wirkung, einen Eskapismus vorwerfen kann. Weiterhin geht es zum einen darum, einige emotionale Eindrücke zu fassen zu bekommen, um in ihnen gegebenenfalls eine gemeinsame Schnittmenge und Übereinstimmungen von Tolkienlesern und -leserinnen erblicken zu können; und zum anderen daran anschließend, eine gewisse Menge an romantischem Gedankengut bei Tolkien und innerhalb Mittelerdes sichtbar werden zu lassen. Denn vieles von dem, was Tolkien schrieb, entspringt auch der Kulturepoche und dem Geist der Romantik. Und vieles, was Leserinnen und Leser aus den Geschichten und Erzählungen Tolkiens gewinnen oder empfinden oder Gedanken, die sich einstellen, sind, unbewusst oder bewusst, romantischer Spielart. Vielleicht mag sogar in diesem Punkt eine gewisse Schnittmenge unter den Lesern zu finden sein, dass sie nämlich Verwandte im (romantischen) Geiste sind.

An dieser Stelle sei all jenen Dank ausgesprochen, die mir bei diesem Unterfangen mit Wort, Gesprächen, Anregungen, Diskussionen und Tat geholfen haben.

Emotionalität und Eskapismus
Flucht aus der Wirklichkeit?

»Richtig sieht man nur mit dem Herzen;
das Wesentliche ist für das Auge unsichtbar.«
Antoine de Saint-Exupéry, Der kleine Prinz

Sam kam gegen Abend heim, das Abendessen war bereitet, und er nahm seine kleine Tochter Elanor auf den Schoß. »Er holte tief Luft. ‚Ja, ich bin zurück', sagte er.« Hielt man nicht selbst den Atem an? Liefen nicht einige Tränen die Wange hinab, als man das Ende erreichte? Ja, hatte man nicht selbst einen umfangreichen und steinigen Weg zurückgelegt? Man lernte die Hobbits kennen, jene unglaublichen Wesen, und das Auenland, spazierte in Richtung des Alten Waldes, erfreute sich an der Natur, der frischen Luft. Man fand in Elronds Haus Rast und Erholung mit den Anderen, stand neben Legolas, als Boromir zum letzten Mal die Augen schloss, hetzte angetrieben von Freundschaft und Redlichkeit durch die Ebene von Rohan den Orks hinterher, um die beiden Freunde und Weggefährten Merry und Pippin zu retten. Und war man nicht voller Freude, als man Gandalf als den Weißen wiedererkannte? Man hatte mit den anderen Gefährten das Abenteuer der ganzen Reise gewagt und stand schließlich am Ende jenes langen Weges allein an den Grauen Anfurten, den Schiffen nachschauend wie sie von dannen zogen. Tolkien schrieb den Rest von Buch 6 des *Herrn der Ringe* »Die Befreiung des Auenlandes« irgendwann im Jahre 1948, und man erzählt sich, nachdem er die erste Fassung schlussendlich fertiggestellt hatte, habe er sich hingesetzt und geweint.

Am Ende des Buches *Der Herr der Ringe* bleiben der Leser und die Leserin allein zurück. Man hat selbst eine lange Reise zurückgelegt, jedoch: Der Buchdeckel möchte noch nicht geschlossen werden. Ist nicht noch Zeit für ein kurzes Verweilen, für einen Augenblick? Schon oft wurden diese Eindrücke und Gefühle von Freunden der Tolkienliteratur beschrieben, nachdem sie die letzten Zeilen des *Herrn der Ringe* gelesen hatten. Nicht enden wollten sie an jener Stelle, diese Welt noch nicht verlassen. Gleichwohl sind es diese Gefühle, die der phantastischen Literatur im Allgemeinen und Tolkiens Werken im Besonderen nicht zuletzt den Ruf eingebracht haben, ihre Leserinnen und Leser zu einer Welt- bzw. Realitätsflucht anzuhalten. Es wird unterstellt, dass Tolkiens Bücher dazu anleiten, vor der Realität zu fliehen und sei es auch nur für kurze Zeit. Sie halte dazu an, sich der ersten Realität nicht stellen und ihr begegnen zu wollen. Mitunter wird sogar der ein oder andere Leser oder die ein oder andere Leserin dem zustimmen und dies nicht unbedingt als Makel empfinden. Ganz im Gegenteil sehen viele Leute darin sogar die besondere Leistung von Tolkiens Erzählungen. In diesem Zusammenhang stellen sich zunächst zwei Fragen: Handelt es sich zum einen denn tatsächlich um eine Realitätsflucht? Und wenn ja, wie lässt sich daraus eine negative Bewertung dieses Umstandes ableiten? Sicherlich, begibt man sich auf eine Reise nach Mittelerde, verlässt man den Alltag und seine herkömmliche Umwelt, lässt jedoch die herkömmliche Realität nicht zurück. War sie es nicht auch, die uns Einstellungen, Perspektiven, Werte oder Gefühle praktisch vermittelte? Solcherart nehmen wir jene Blickwinkel mit in die Welt der Phantasie und Fiktion und interpretieren und beleben die zweite Realität mit diesen Einstellungen, die wir zuvor erworben haben. Umgekehrt können wir dort auch neue und andere Vorstellungen und Werte erlangen.

Es sind Worte und Sprache, die Realität entstehen lassen können. Aber ist manches Mal nicht das Gefühl, das Worte in einem hervorrufen, das Authentischere als das absolute Verständnis des Gesagten oder des vom Autor Gemeinten? Durch Sprache eignen wir uns die Welt an. Wir lernen, den Dingen einen Namen zu geben, sie zu bezeichnen. So erschließen wir uns nach und nach die Realität, die uns umgibt. Aus diesem Grund ist die Welt, die in den Köpfen durch das Lesen einer Geschichte entsteht, nie so weit von der wirklichen Realität entfernt, wie es uns zumeist von Kindheit an weisgemacht wird. Was anderes sind Träumereien und Phantasie als ein anderer Weg, die reale Welt zu begreifen und sich ihr zu nähern? In alten Zeiten war kaum eine Grenze zu ziehen zwischen der wirklichen Welt und der Phantasie und den Träumen der Menschen. In diesem mythischen Weltbild flossen Diesseits und Jenseits, Traum und Wirklichkeit, Phantasie und Realität ineinander. Hier wirkten der Traum und die Phantasie auf die Realität und umgekehrt. Man muss gar nicht erst die verschiedenen philosophischen Schulen anführen, um die Diskussion, was denn nun die Realität sei und was nicht, führen zu können. Der Film »Die Matrix« hat dieses Thema interessant in Sze-

ne gesetzt und erinnert an die Theorien des radikalen Konstruktivismus, die in unserer Zeit immer noch eine große Aufmerksamkeit genießen. Und Meister Eckhart, jener große deutsche Philosoph und Kirchenlehrer, bezeichnete einst als Realität die wirkende Existenz bzw. das, was wirksam ist und auf anderes einwirkt. In diesem Sinne kann gerade Tolkiens Welt Mittelerde Realität für sich beanspruchen, da ihre Wirkung auf die Menschen und durch sie auf die Welt real ist und kaum geleugnet werden kann. Und ein sogenannter naiver Realismus, die Überzeugung nach welchem unsere Sinneserfahrungen uns einen direkten, unhintergehbaren und sicheren Zugang zur Wirklichkeit vermitteln, ist schon lange innerhalb der Wissenschaften und der Philosophie als nicht haltbar vermerkt worden und wird demnach nur noch selten vertreten.
Gerade bezüglich der Fantasy greift man heutzutage auf die Bezeichnung *Primärwelt* für die herkömmliche Realität zurück und *Sekundärwelt* hinsichtlich einer z.B. literarischen Neuschöpfung. Nun, sicherlich wollen wir es vorerst bei einem Unterschied zwischen der Primär- und der Sekundärwelt, wie Tolkien seine Schöpfung nennt, also der 1. und 2. Realität belassen, jedoch auch gleichzeitig die Schwierigkeiten andeuten, die man sich einhandelt, wenn man vorschnell bei phantastischer Literatur sogleich von Realitätsflucht des Lesers oder der Leserin spricht. Die Quelle der phantastischen Literatur ist, und das klingt zunächst banal, die Phantasie. Das Wort Phantasie stammt aus dem Griechischen, abgeleitet von dem Wort *phainestai*, und bedeutet zunächst soviel wie *Erscheinung*. So könnte man vorschnell auf die Idee kommen, dass das Phantastische das Gegenteil zum

Realen sei. Das ist es aber nicht, sondern das Phantastische ist der Gegenbegriff zum *Realistischen*, ein kleiner, aber wichtiger Unterschied. Folglich ist die phantastische Literatur die Gegenrichtung zur realistischen Literatur.

Literatur ist immer, ganz gleich ob realistisch oder phantastisch, fiktional, also vorgestellt und erfunden. Die realistische Literatur allerdings erhebt den alleinigen Anspruch, dass ihre Vorstellungen und Beschreibungen von der Welt, der real existierenden Welt, *entsprechend* und richtig sind und dass sich die von ihr erzählten Begebenheiten ereignet haben oder haben können. Sie beschaut die außen liegende Welt und versucht sie möglichst wahrnehmungsgetreu wiederzugeben und alles, was in ihr passiert.

Die phantastische Literatur hingegen entwirft eine völlig andere Welt, die sich scheinbar einem direkten Vergleich mit der Wirklichkeit entzieht. So scheinen Wahrheit und Dichtung nirgends eindeutiger getrennt als in der *Fantasy*. Tolkien selbst betonte, dass seine Welt ein eigenes, unabhängiges Universum darstelle. Allerdings wies er in verschiedenen seiner Briefe darauf hin, dass Mittelerde unsere Erde in einer längst vergangenen Zeit sei und Jahrtausende alte Begebenheiten schildere. Dergestalt berichtet diese Literatur, wenn sie einen eigenen Kosmos entwirft, von Ereignissen, die sich in dieser Form niemals zugetragen haben können. Sie kehrt sich im Gegensatz zur realistischen Literatur von der ersten Realität ab und wendet sich einer irrealen Welt zu, die in diesem Sinne als eine höhere oder als die eigentliche Wirklichkeit begriffen wird. Diese eigene Wirklichkeit liegt nicht außen, sondern innen, innerhalb der verschlungenen Psyche des Autors. Sie zeigt sozusagen die andere Seite des Spiegels auf, eine Welt, in der Illusionen und Zerrbilder der ersten Realität ihren Platz haben. Sie blickt nicht nur in den Spiegel, sondern wandert *zwischen den Spiegeln*,[2] in denen Unendlichkeit und Variationen der Welt aufscheinen. Dafür, ob nun der Leser einer Geschichte ihr eine Lehre oder Botschaft entnehmen kann, die ihn überzeugt oder für die erste Realität einen Nutzen bringt, ist es unbedeutend, ob sie phantastischer oder realistischer Natur ist. Die Wahrheit einer Erzählung ergibt sich nämlich nicht aus ihrer Wirklichkeitstreue oder -nähe, sondern vielmehr aus ihrer Aussage und der Möglichkeit der Leserinnen und Leser, etwas für den eigenen Alltag oder die eigene Umwelt zu gewinnen.[3] Und sei es auch nur, dass der einzige Nutzen in der Entspannung und Erholung eines anstrengenden Arbeits- oder Schultages liegt.

Dennoch wird nun Tolkiens Werken von Seiten verschiedener Kritiker der Vorwurf des Eskapismus, der negativ konnotierten Weltflucht, entgegengehalten. Inhaltlich wird den Lesern dieser Literatur vorgeworfen, sich in eine fremde Welt zu flüchten, um die eigenen alltäglichen Probleme vergessen zu können. Man flieht angeblich mehr und mehr in eine vermeintlich Problem ignorierende Welt, die dem Leser die Konfrontation mit den in der herkömmlichen Realität auftretenden Probleme nimmt und diese ausblendet. Wie schon bemerkt: Gibt es denn eine eindeutig abgrenzbare Realität, aus der man so ohne Weiteres flüchten kann? Und wenn ja, wann beginnt denn die Flucht aus dieser ersten

---

[2] Vgl. Bidlo, Oliver, Eilmann, Julian, Weinreich, Frank (Hrsg., 2011). Zwischen den Spiegeln. Neue Perspektiven auf die Phantastik.

[3] Vgl. Solms, Wilhelm (1994): Einfach phantastisch. In: Le Blanc Thomas, Solms, Wilhelm (Hrsg., 1994): Phantastische Welten. S. 12

Realität? Wenn ich ins Theater, in die Oper, z.B. Wagners *Der Ring der Nibelungen* (den Tolkien nie leiden konnte und gegen einen Vergleich mit diesem er sich immer wehrte, obgleich es augenscheinlich einige interessante Parallelen gibt) oder zum Fußball gehe, um ein paar unbeschwerte Stunden zu genießen, wenn ich mir einen Kopfhörer aufsetze und meine Lieblingsmusik höre, um endlich einmal den Kopf freizubekommen von verschiedenen Alltagsproblemen, wenn mein Hobby das Live-Rollenspielen ist und ich hier in eine andere Welt bzw. in eine andere Zeit versetzt werde oder wenn ich Schauspieler bin und in verschiedene Rollen schlüpfe, wenn ich Überzeugungen und Ideale einer anderen Zeit für richtiger halte als die zurzeit aktuellen, wenn ich ins Kino gehe, einem Kind ein Märchen vorlese, wenn ich als surrealistischer Künstler in meine Bilder oder Bücher vertieft bin, wenn ich einem Tagtraum nachhänge oder wenn ich eben Tolkienliteratur lese und mich dadurch durch Mittelerde bewege? Kann man oder muss man nicht sogar all diesen aufgelisteten Dingen die Möglichkeit unterstellen, durch sie und mit ihnen aus der Realität flüchten zu können? Ist es nicht vielleicht sogar ein wichtiger Wesenszug des Menschen – und damit eine anthropologische Konstante –, zu träumen und zu phantasieren, sich in andere Situationen, Menschen und Zeiten hineinversetzen zu können?
Und tatsächlich besitzen alle oben aufgezählten Aktivitäten das Potential, sich aus der Alltagswelt zu verabschieden und für kurze Zeit ihren Gesetzmäßigkeiten zu entkommen. Würde man all diese Menschen denn der Realitätsflucht oder der Realitätsverneinung bezichtigen? Sicherlich, in unserer Alltagserfahrung können wir sehr wohl unterscheiden

zwischen der »harten« Realität und den vermeintlich gedanklichen Gebäuden, die wir uns machen und entwerfen. Wenn aber nun all diese vielfältigen und unterschiedlichen Unternehmungen zu einer Weltflucht führen können, so liegt doch das Problem des Eskapismus nicht innerhalb dieser Unternehmungen und Aktivitäten, sondern vielmehr innerhalb der Köpfe der Menschen, die sich mit Tolkien, Theater, Sport oder anderen Sachen beschäftigen. Aber der Fantasyliteratur im Allgemeinen und der Tolkienliteratur im Besonderen eine hervorgehobene Gefahr oder eine besondere Rolle für die Möglichkeit einer Weltflucht der Leserinnen und Leser zu unterstellen, ist diesbezüglich nicht sinnhaft und erscheint vielmehr als eine platte Attitüde z.B. eines distinguierten Feuilletons.

Liegt es denn im Wesen des Buches *Der Herr der Ringe*, dass es in unserer heutigen Zeit über die Maßen beworben, medial aufbereitet und nach allen Regeln der modernen Merchandising-Kunst vermarktet wurde und wird und möglichst viele »Fluchtwege«, die nach Mittelerde führen, angelegt werden? Oder ist dies nicht vielmehr ein Verweis auf das Befinden der Gegenwart? Vielleicht mag es ein schmaler Grat sein zwischen der Schöpfung eines geistigen und phantastischen Reiches und der Verleugnung der Realität, bei der sich die Sehnsucht des Zweitschöpfers nach der Vergangenheit in einer Rückständigkeit, in einer reaktionären Haltung äußert. Vielleicht mag dieser Grat aber auch viel breiter sein, als die meisten Menschen sich heute vorstellen können und möchten, möglicherweise existiert dieser Grat auch überhaupt nicht, sondern ist eventuell nur eine Konstruktion einer vernunftsgläubigen Welt, die Irrationalität als ihren Hauptgegner ansieht, den es auszulöschen gilt. Irrationalität und Mythos lassen sich nicht ohne Weiteres vernunftmäßig oder kausal-deterministisch erklären und sind demnach innerhalb einer auf Rationalität und Vernunft ausgerichteten Welt unerwünscht. Eine modern aufgeklärte Welt sieht in der Fantasyliteratur eine Bedrohung, da sie sich einem rein rationalen und verstandesmäßigen Zugang widersetzt. Und in der Tat ist die Entwicklung und Hinwendung zur phantastischen Literatur eine Reaktion auf ein durch und durch rationalistisches Weltbild der Neuzeit. Und demnach auch auf eine Literatur, die sich im Zuge dieser neuen Zeit und rationalen Welt als Nachbildung der Realität verstand bzw. versteht.

In der phantastischen Literatur setzt man der Wirklichkeit und der allgemein akzeptierten Wirklichkeitsauffassung eine neue, eine andere Ordnung entgegen und rührt damit zwangsläufig auf die ein oder andere Weise an herrschende Ordnungen. Sie entwickelt einen Gegenentwurf zur modernen, von Technik und Rationalität dominierten Weltsicht. Obgleich sie sich im Grenzbereich zwischen dem Realen und dem Irrealen bewegt oder sogar eine ganz und gar phantastische Welt entwirft, muss diese Gegenwelt kein Fluchtort sein, wie man dieser Art von Literatur immer wieder vorwirft, sondern sie kann ebenfalls ein kritisches Zerrbild der Wirklichkeit sein, das ein utopisches Gegenbild zu dieser darstellt.[4] Man findet dort eine Welt, „die mit einem faktischen transzendentalen Überbau ausgestattet ist und so das Bedürfnis nach Transzendenz und metaphysischer Wirklichkeit“[5] bedient. Und hier mag auch ein Kern der

[4] Vgl. ebd. S. 17

[5] Weinreich, Frank (2007): Fantasy. S. 41

Sehnsucht liegen, die durch die Lektüre von phantastischer Literatur bzw. Fantasy hervorgerufen wird. Und gerade in diesen utopischen Gegenbildern spiegelt die phantastische Literatur die *conditio humana* häufig besser wider als die realistische Literatur dies vermag. Denn die phantastische Literatur veranschaulicht das menschliche Leben losgelöst von vorgegebenen gesellschaftlichen Konventionen als einen Kampf, der unabwendbar mit dem Tode endet. Und dennoch äußert sie eine tiefe Sehnsucht nach etwas, das jenseits dieser Grenze liegt, nämlich die Ahnung von einer besseren Welt. Denn zum menschlichen Sein gehört die Vernunft ebenso wie die Phantasie, beide müssen sich durchdringen, und der Mensch muss für beide empfindsam sein, um nicht einen Teil seiner menschlichen Identität zu verlieren.[6] Verneint oder verdrängt er die phantastischen Fähigkeiten des menschlichen Geistes, verneint er ebenso einen Teil seines eigenen Wesens. Auch dies mag eine implizite Botschaft der phantastischen Literatur sein. Demzufolge stillt sie auch das Erweiterungsstreben des Menschen, seinen Wissensdrang, der ihn nach neuen Zugängen und Sichtweisen zur ihm umgebenen Welt treibt.

Darüber hinaus wird nun schon oft (fälschlicherweise) dann von einer eskapistischen Haltung gesprochen, wenn man beispielsweise die Kleidung einer anderen Zeit bevorzugt, Idealen, Motiven und Zielsetzungen anderer Epochen nahe steht und einen, nennen wir es alternativen, Lebensentwurf verfolgt, ganz gleich wie dieser auch aussehen mag. Richtigerweise kann man jedoch nur dann bzw. erst dann von Eskapismus sprechen, wenn z.B. ein Leser, Internetnutzer oder

[6] Vgl. Kranz, Gisbert (1994): Tintenkleckser aus Oxford. In: Le Blanc, Thomas, Solms, Wilhelm (Hrsg., 1994) S. 156

Fan einer Sache nicht mehr in der Lage ist, seinen Alltag selbständig zu bewältigen und eine Gefahr für den eigenen Leib und das eigene Leben oder das eines anderen Menschen droht. Vielleicht auch dann, wenn der Mensch Gefahr läuft, durch seinen Faible zu vereinsamen und sein Gemeinschaftsgefühl zu verlieren. Jedoch nur aufgrund einer zeitweisen Abwesenheit oder anderer Einstellungen, Meinungen oder Ansichten als gängige oder derzeit allgemein für gültig erachtete Sichtweisen, die keinem anderen Mitmenschen schaden, ist der negativ bewertende Eskapismusvorwurf gegenstandslos. Wer anderen einen einzig gültigen Zugang zur Welt vorhält, ist zum einen naiv, weil er glaubt, es gäbe nur eine alles umfassende Welt. Und zum anderen ist er *beschränkt*, da er in einer Welt stetigen Wandels eine starre Meinung verabsolutiert. Es soll heute sogar noch religiöse Richtungen – z.B. den Kreationismus und all seine Ableger – geben, die die Bibel in ihrer Gesamtheit wortwörtlich verstehen und nicht analogisch, eine Gefahr, die beim *Herrn der Ringe* wohl nicht bestehen dürfte.

Weiterhin hat Tolkien selbst ein interessantes Gegenargument zum Realitätsflucht-Vorwurf gemacht. Er reagierte sehr empfindsam und unverständlich auf Kritiken, die seine Arbeit als Fluchtliteratur bezeichneten. Tolkien empfand diese Bezeichnung als abschätzig. Was sollte aus Tolkiens Sicht daran negativ sein, wenn ein Gefangener alles daran setzte, aus seinem Gefängnis zu entkommen? Wenn man demnach Flucht aus der Realität als ein Entkommen eines Gefangenen aus dem Gefängnis versteht, ist diese Fluchtmöglichkeit ein Stück wertvoller Freiheit des Menschen, die es zu bewahren oder ggf. wiederherzustellen gilt. Darüber hinaus entspringt nun die Fantasyliteratur den allzu menschlichen Erfahrungen ihrer Autorinnen und Autoren. Und sie beschreitet dort Bereiche, die jenseits der normalen Alltagserfahrung liegen, die nämlich der phantastischen Vorstellungskraft, dem Unterbewusstsein, verdrängten Träumen und Visionen, vergessenen Ideen und Überzeugungen ihrer Erschaffer entspringen. Der Autor flieht hier nicht aus der Realität der Gegenwart, sondern es ist die grundsätzliche Zielsetzung ernsthaft wirkender Fantasyliteratur, eine absichtsvolle Äußerung und Anmerkung zur tatsächlichen Welt abzugeben und gewisse Probleme, seien es theologische, philosophische oder alltägliche, der Realität zu untersuchen und zu bewerten.[7] »Die physische Welt der Fantasy mag zwar fiktiv sein, aber der psychologische Aspekt ist sehr wohl real und dadurch auch nachvollziehbar. Fantasy ist gleichsam eine Art literarisches Vehikel für die Darstellung einer Reise ins Unterbewusstsein, für die innere Entwicklung der jeweiligen Hauptfigur. Dies geschieht mithilfe der Symbolik. Sie steht damit im Gegensatz zur realistischen Literatur, die versucht, die Wirklichkeit mimetisch wiederzugeben.«[8]

Tolkiens eigener Anspruch an eine Zweitschöpfung war vor allem auch die Vorstellung, dass sie für sich Wahrheit beanspruchen müsse, da sie sonst selbst nicht glaubwürdig erscheinen könne. Sie stellt sich als wahr hin, um so ihre Bedeutsamkeit zu unterstreichen. Dies ist im Übrigen ein sehr altes Stilmittel, das gerade im Mittelalter eine große Bedeutung besaß. Tolkien betont nun allerdings, dass Märchen

[7] Vgl. zu diesem Punkt Gloge, Andreas (2002): J.R.R. Tolkiens *Der Herr der Ringe*. S. 18-19

[8] Nester, Holle (1993): Shadow of the Past. S. 2

oder Fiktionen, die direkt auf die 1. Realität verweisen oder offensichtlich belehren oder moralisieren wollen oder eine Satire auf die Wirklichkeit sind, für ihn keine wirklichen Zweitschöpfungen darstellen. Sie sind noch zu nahe an der Wirklichkeit, als dass sie sich von ihr im Sinne einer neuen Kreation absetzen könnten. Denn die Zweitschöpfung soll einen möglichst eigenen und besonderen Realitätsgehalt beinhalten. Eine solche 2. Realität muss ein gewisses Maß an Konsistenz und Schlüssigkeit besitzen, damit es den Lesern gelingt, ganz in diese Welt einzutauchen. Zwar bleiben auch hier immer einzelne Aspekte im Dunkeln, jedoch muss das Gros an Handlung und Zusammenhang der Geschichte, Personen, ihre Motive und Handlungen in sich schlüssig sein. Frank Weinreich unterstreicht diesen Aspekt in seinem Aufsatz *Zwei Universen. Das Verhältnis von Realität und Fiktion in den fiktionalen Werken Tolkiens*:

> »Natürlich ist klar, dass die Handlung des *Herrn der Ringe* nicht in dem Sinne ‚wahr' ist, dass sie in irgendeiner realen Welt passiert. Aber innerhalb der Sekundärwelt, innerhalb von Mittelerde ist all dies sehr wohl geschehen! Tolkien definiert als wesentliches Attribut der fairy stories ihre innere Wahrhaftigkeit. Aus der immanenten Ernsthaftigkeit und Folgerichtigkeit beziehen die fairy stories ihre Wirksamkeit, die darin besteht, dass die Leser oder Zuhörer in sie eintauchen und an den Visionen des Erzählers teilhaben können. So ernst nimmt sich

> Mittelerde und so ernst muss sich eine fairy story nach Tolkiens Definition nehmen.«[9]

Demnach kreiert Tolkien mit seinem Mittelerde-Epos keine Zufluchtsstätte für realitätsmüde Geister, sondern er bietet einen neuen Blick, eine neue Perspektive mit der Erschaffung einer anderen Realität, die allerdings immer auch, gewollt oder ungewollt, auf die eigene Realität und Umwelt verweist. Auch wenn es große und mannigfaltige Unterschiede zwischen der schöpferisch entworfenen Realität eines Autors und der 1. Realität gibt, muss es dennoch nachvollziehbare und erkennbare Überschneidungen zwischen diesen beiden Welten geben, da die Leser nur so ein Verständnis für diese fiktive Welt aufbauen können. Zudem entwirft der Autor seine Sekundärwelt aufgrund von Erfahrungen, Erlebnissen, Motiven und Ideen, die er selbst in der Erfahrungsrealität gemacht bzw. dort entwickelt hat. Er transformiert diese Erfahrungen, Ideen oder Erlebnisse in seiner je eigenen Art und in seiner je eigenen Symbolik; jedoch bleibt immer ein Stück allgemein zugänglicher Realität in diesen Mosaiken zurück. Gewöhnlich ist dieses ja auch beabsichtigt: Durch Einnahme einer verzerrten oder fremden Position zur herkömmlichen Welt soll eine Perturbation, eine Störung beim Leser und bei der Leserin hervorgerufen werden, um so ein neues Verständnis und eine neue Sichtweise zu dieser einnehmen zu können. Zwar hat Tolkien immer betont, welch große Abneigung er gegenüber simplen Allegorien bzw. Allegorisierungen seiner Geschichten habe, weil sie die innere Geschlossenheit dieser Zweitschöp-

[9] Weinreich, Frank (2002): Zwei Universen. Unter http://www.polyoinos.de/tolk_stuff/realitaet_fiktion.htm [29.09.2013]

fung brechen und eine zu große Pforte für die reale Welt öffnen würden. Dennoch bezieht auch seine entworfene Zweitwelt Gefühle, Werte, Motive, Ideen, Vorlieben, Abneigungen und Erfahrungen aus der ersten Realität und besitzt eine durch die Psyche und Phantasie des Autors aufgestellte Ordnung, die dergestalt etwas über die reale Welt unbewusst aussagt und möglicherweise auch bewusst etwas darüber aussagen will. So beinhaltet Tolkiens Werk wesentlich mehr als man auf den ersten Blick darin vermuten würde. Wie gesagt, auch wenn Tolkien sich gegen ein Übermaß an Interpretation bezüglich seiner Werke verwahrt hat – man denke an das Vorwort vom *Herrn der Ringe* –, war es dennoch in seinem Interesse und in seinem Sinne, dass die von ihm in die Texte hineingelegten Tiefenschichten, die sich von der nordisch-germanischen Mythologie und der mittelalterlichen Zahlenmythologie – ich verweise auf mein Buch *Mythos Mittelerde*, das gerade diesen Aspekt genauer untersucht – über das europäische Mittelalter bis hin zu biographischen Aspekten erstrecken, von den Leserinnen und Lesern entdeckt und ergründet werden. Zudem besitzt jedes Werk mehr Inhalt oder Aussage als das vom Autor selbst bewusst Ausgesagte. Es ist also immer mehr darin enthalten, als der Autor absichtlich entworfen hat. Deshalb muss die Aussage eines Autors über sein Werk genauso am Werk überprüft werden wie die Ausführungen anderer Interpreten. Der Autor ist gegenüber seinem fertigen Werk immer auch selbst Interpret.[10] Denn selbst er kann sich nicht über alle Einzelheiten und unbewussten Betrachtungsweisen im Klaren

[10] Diesen Aspekt habe ich im Aufsatz *Verboten Pfade nach Mittelerde?* genauer beleuchtet. Er ist zu finden im *Hither Shore* Band 1, 2004, der dem Titel *Tolkien und seine Deutungen* trägt.

sein, die ihn dazu bewegt haben, dieses oder jenes zu schreiben. Tolkiens *Der Herr der Ringe* und auch andere seiner Werke sagen ohne Zweifel eine Menge aus. Auch ich bin der Überzeugung, dass einfache Vergleiche oder Allegorien, die immer wieder in Bezug zu Tolkiens Werken angeführt wurden, falsch sind. Häufig sogar dient eine zuvor scheinbar erkannte Allegorie anschließend dann als Aufhänger für die Installation einer Kritik an Tolkiens Arbeiten. So geschehen ist es mit den immer wiederkehrenden Rassismus- oder Chauvinismusvorwürfen am *Herrn der Ringe*, die beide allerdings bei genauer Hinsicht als falsch oder nicht stichhaltig entlarvt werden. Auch die Analogie zum Zweiten Weltkrieg hat sich letztlich als nicht hieb- und stichfest erwiesen. So ist die Karte von Mittelerde weder eine Karte, die die Truppenbewegungen oder die Standorte der Geschehnisse des Zweiten Weltkrieges darstellen, noch lassen sich letztlich die verschiedenen Bünde und Allianzen bei Tolkien schlüssig in das Bild der Alliierten im Zweiten Weltkrieg übertragen. Dennoch ist natürlich nicht auszuschließen, ja ist sogar zu unterstellen, dass Erfahrungen aus zwei Kriegen, die Tolkien selbst erlebte, in verschiedene Aspekte, beispielsweise in Schlachten oder Kämpfe oder in seine Konzeption von Angst oder Trauer, eingegangen sind.

Umgekehrt sollte man aber nicht den Fehler begehen, den *Herrn der Ringe* einfach nur als eine nette und unterhaltsame Geschichte zu bewerten. Selbstverständlich ist er das, unterhaltsam und spannend, jedenfalls für die meisten Leserinnen und Leser, die ihn lesen. Darüber hinaus beinhaltet er aber viel mehr als nur gute Unterhaltung; und es wäre schade, wenn die Vielzahl an filigraner, genealogischer, sprachgestaltiger, historischer oder kulturgeschichtlicher Arbeit vonseiten Tolkiens durch den reinen Unterhaltungscharakter nicht in den Blick der Leserinnen und Leser käme. Tolkien hat freilich viel von seiner Sichtweise auf die Welt, von seinen Anschauungen – besser: seinen Werten – in die Texte hineingelegt. Nur werden sie den Lesern nicht aufgezwungen, sondern stecken tief im Text verborgen. Wer wollte die christliche Untermalung der Schöpfungsgeschichte im *Silmarillion* ernsthaft verneinen. Gleichermaßen verhält es sich mit seiner Haltung zum Fortschritt und der Industrialisierung. Sein tiefer Gräuel und seine Abneigung diesbezüglich fanden deutlich Einzug in den Text. Ebenso findet man diesen Umstand bei der Darstellung von Werten wie Freundschaft, Barmherzigkeit oder Loyalität oder seiner Vorliebe für vergangene Zeiten und Epochen. Aus all diesen und noch vielen anderen Fäden ist sein Epos gesponnen. Die völlige Eigenständigkeit und die Kreativität seiner Werke erfahren dadurch keine Minderung. Ganz im Gegenteil erinnern uns Tolkiens Arbeiten nochmals daran, dass *Text* und *Textilie* nicht zufällig ähnlich klingen, sondern beides – Text und Stoff – etwas Gewobenes sind, aus unzähligen Fäden gesponnen sind, die, je meisterhafter sie miteinander verwoben werden, zu einer in sich geschlossenen und ohne lose Fäden versehenen Ganzheit erstellt werden.

Vergangenheit und Selbstverständnis

Das geschichtliche Selbstbild, das man sich von seiner eigenen Zeit macht, ist maßgeblich von der Bewertung der vergangenen Zeiten abgeleitet. Es gilt sich abzugrenzen und die eigene Zeit aufzuwerten. Man lebt schließlich in ihr, prägt sie mehr oder weniger mit und kommt so selbstredend immer zu dem Schluss, dass die je eigene geschichtliche Zeit die beste und mit kleineren Einschränkungen schönste sei. Aus diesem Grund wurde und wird die geschichtliche Vergangenheit oftmals negativ bewertet oder aus einem Überlegenheitsgefühl heraus belächelt. Schon früh hat man beispielsweise das Mittelalter als dunkle und schwarze Zeit für die Menschen beschrieben, eine dunkle Epoche des menschlichen Geistes, so meinte man. Später fing man in einigen romantischen Strömungen an, dieses Zeitalter über die Maßen zu glorifizieren. Dennoch sind heute die meisten Menschen der Meinung, dass sie mit einem Leben im Mittelalter nicht tauschen möchten, da es aus unserer alltäglichen Sicht heraus zu dunkel und ungemütlich zu sein scheint. Und tatsächlich wurde die Zeit von 500-1500, die man gemeinhin und vereinfacht für eine zeitliche Bestimmung dieses Zeitalters angibt, von der herrschenden humanistischen Kultur des 16. Jahrhunderts als eine Übergangsperiode gesehen und als *Dark Age*, als dunkle Zeit und unterlegene Periode verstanden, die man abwertend mit dem Begriff »Mittelalter« bezeichnete. Das Mittelalter sei das Primitive, barbarisch, eine Zeit, in die man nicht mehr zurückfallen dürfe. Wir erkennen diese Sichtweise noch in dem Ausspruch „Das ist ja tiefstes Mittelalter“, um etwas als besonders rückständig zu bezeichnen. Die Welt war scheinbar hinter einem tristen tausendjährigen Schleier versunken, der jegliche Farben ausgelöscht hatte; eine Welt voller Einsamkeit, Schweigen, Kälte und Niedertracht. Diese bis heute im Alltag scheinbar gültige Auffassung übersieht in vielerlei Hinsicht die unterschiedlichen großen Leistungen, die aus dieser Epoche hervorgegangen sind:

> »Sie hat die Stadt, die Nation, den Staat, die Universität, die Mühle und die Maschine, die Stunde und die Uhr, das Buch, die Gabel, die Unterwäsche, die Person, das Gewissen und schließlich auch die Revolution erfunden. Zwischen dem Neolithikum und den industriellen und politischen Revolutionen der letzten beiden Jahrhunderte ist sie – zumindest für die abendländischen Gesellschaften – kein Tal und auch keine Brücke, sondern ein großer schöpferischer Schub, von Krisen unterbrochen [...]«[11]

Auch bezüglich der Arbeitszeit der Menschen in jenen Tagen möchte man heute nicht mehr unter »mittelalterlichen« Bedingungen arbeiten. Allerdings übersieht man hier wiederum, dass die Arbeitszeit dort zu einer Wirtschaftsform gehörte, die noch von agrarischen Rhythmen geprägt war, die keine Hast, kein Streben nach Perfektion und keine Sorge um Produktivität kannte, eine Gesellschaft, deren Arbeit »nach ihrem Bilde ‚voll Maß und keusch‘, ohne große Begierde, genügsam und kaum zu quantitativen Kraftakten in

[11] LeGoff, Jacques (1987): Für ein anderes Mittelalter. S. 22

der Lage«[12] war. Darüber hinaus darf man natürlich auch nicht die im Vergleich zur Gegenwart weitaus höhere Anzahl von Feiertagen übersehen, mit denen zudem noch ein früheres Arbeitsende am Vortag einherging. Zusammengenommen kam man im Spätmittelalter auf jährlich etwa 250 Arbeitstage, an denen selbstverständlich zu den Mahlzeiten eine ausgedehnte Pause eingelegt wurde.

> »Halten wir uns nicht mit dem müßigen Spiel auf, die schwarze Legende vom Mittelalter der vergangenen Jahrhunderte durch eine Legenda Aurea ersetzen zu wollen. Das wäre kein anderes Mittelalter. Ein anderes Mittelalter ist [...] ein umfassendes Mittelalter, das sowohl über literarische, archäologische, künstlerische und rechtliche Quellen zu erarbeiten ist.«[13]

Dem Fortschrittsgedanken, der sich im Denken der Menschen entwickelte, lag ein Wechsel in der Sichtweise bezüglich ihrer Anschauung von der Zeit zugrunde. Als die Menschen anfingen, Zeit als an einer Linie ausgerichtet zu verstehen und sich so von ihren althergebrachten Vorstellungen einer zyklischen Zeitvorstellung lösten, entwickelte sich im Laufe der Geschichte die Überzeugung, dass das Neue auch besser und wahrer sei als das bisherige. Aus dieser Perspektive heraus wurde nun jede neue Zeit bzw. die Gegenwart immer als besser und überlegen gedacht in Bezug zur Vergangenheit. Ist es nicht auch heute noch so, dass viele die heutige Zeit trotz ihrer eklatanten Makel als besser erachten als

---

[12] Ebd. S. 30
[13] Ebd. S. 22

das Leben und die Zeit vor 200 oder 300 Jahren? Natürlich gibt es immer wieder Romantiker, die in der alten, längst vergangenen Zeit schwelgen, Menschen, die sich gegen einen rigorosen Fortschrittsglauben stemmen, die nicht um jeden Preis an die Errungenschaften der Moderne glauben. Doch lässt der alltägliche Gebrauch des Wortes »romantisch« zu oft vergessen, dass es einer schöpferischen und großen Geistes- und Ideenbewegung entspringt, die umfassenden Einfluss auf die Menschen und ihre Sicht der Welt hatte, und die von der mittelalterlichen Mystik an bis in unsere Tage ihre phantasievolle Kraft bezeugt. Sie hat sich im Gang der Zeiten als eine Urform menschlichen Seins und Weltverständnisses erwiesen.[14]

Und tatsächlich war Tolkien selbst, wie wir noch sehen werden, ein durch und durch romantischer Geist. Dies zeigt sich nicht nur in seinem Leben, sondern auch in seinen Werken, die die wesentlichen Gedanken, Überzeugungen und die Kritik der Romantik an der sie umgebenden Welt und dem eigenen Zeitalter beinhalten, auch wenn Tolkien erst gut 80 Jahre nach der Blütezeit dieser Geistesepoche geboren wurde. In diesem Zusammenhang und im Vorgriff auf das nächste Kapitel darf man eines nicht vergessen: Tolkiens wissenschaftliche und phantastische Beschäftigung mit alten Mythen und Legenden, seine Liebe zur Natur, sein Zorn über die Ausbreitung der alles verpestenden Industrie und seine künstlerische Verarbeitung dieses Komplexes im *Herrn der Ringe* sind Teil einer umfangreichen europäischen Tradition, die ihren Kern im 19. Jahrhundert hat. Tolkien steht in einer langen Tradition der romantischen

[14] Vgl. Ruprecht, Erich (1986): Geist und Denkart der romantischen Bewegung. S. 8

Bewegung gegen den Fortschritt und das kalte Vernunftsdenken.

Tatsächlich gehört Tolkien einer Generation und einem Zeitgeist, einer Atmosphäre in der Gesellschaft an, in der die sogenannte Neoromantik aufkam, d.h. ein erneutes intensives Hinwenden zu den Idealen und Ansichten der Romantik. Denn die Zeit zu Beginn des 20. Jahrhunderts fing aus unterschiedlichen Gründen an, Gemeinsamkeiten zu derjenigen ein Jahrhundert zuvor aufzuspüren. Zum einen war es der Versuch einer ganzheitlichen Naturbetrachtung gerade in einer Zeit vollendeter Industrialisierung und des offensichtlichen Triumphs der positivistischen Wissenschaften. All jene empfanden Sympathie für diese Gegenreaktion, die über die menschlichen bzw. unmenschlichen Folgen der Maschinentechnik und der dazugehörigen Wirtschaftsform besorgt waren. Auch für eine einsetzende Naturschwärmerei, wie sie sich im besonderen Maße in der Jugendbewegung entwickelte, holte man sich Anregungen und Bestätigung aus der Literatur der Romantik. Man heftete sich die blaue Blume an die Bluse, ein Sinnbild der Romantik, als Symbol vieler Sehnsüchte.[15]

In diesem Zeitgeist angesiedelt, entstand auch die künstlerische Ausdrucksform des Expressionismus. Typisch für den Expressionismus war, dass nicht die sinnlich wahrnehmbare Welt im Mittelpunkt stand, sondern nur die innere Aussage wichtig war. Die Kunst sollte in diesem Sinne nicht das Sichtbare wiedergeben, sondern etwas Unsichtbares sichtbar machen. Paul Klee betonte: »Kunst gibt nicht das Sichtbare wieder, sondern macht sichtbar.«, nicht Abbildung des

[15] Vgl. Schulz, Gerhard (1996): Romantik. S.128

Wahrnehmbaren, sondern die Deutung von Welt durch die künstlerische Vision stand hier im Mittelpunkt. So verließ man die Welt des Diesseits, um in eine jenseitige, phantastische Realität einzutauchen und diese sichtbar zu machen. Ein Gegenstand konnte bis zur Deformation verändert werden, Farben besaßen einen Eigenwert, sie drückten etwas aus. Ein blaues Pferd konnte in dieser Sicht »richtiger« sein als ein realistisch bzw. naturalistisch gemaltes Pferd. Der künstlerische Abstraktionsprozess, egal ob in der Kunst oder der Literatur, erschloss eine neue Welt, in der Irrationales und Rationales bruchlos miteinander verbunden waren.

Vielleicht ist ja auch der ein oder andere Leser oder die ein oder andere Leserin, wissentlich oder unwissentlich, von den Ideen und Werten der Romantik beeinflusst oder gar selbst ein romantischer Geist.

Emotionen und Biographie

Dergestalt wurde nun bei Tolkien eine Begebenheit in seinem Leben zu einem zentralen Punkt einer seiner Geschichten. Oft ging er, wenn er Urlaub hatte, mit seiner Frau Edith auf dem Lande spazieren. Sie fanden bei ihren Streifzügen ein schönes Wäldchen. Dort wanderten sie umher. Tolkien erinnerte sich an seine Frau Edith, wie sie zu jener Zeit war: »Ihr Haar war rabenschwarz, ihre Haut rein, ihre Augen hell, und sie konnte singen und tanzen.«[16] In diesem Wäldchen tanzte und sang sie für ihn, und daraus entwickelte sich die Geschichte, die im Zentrum des *Silmarillions* stehen sollte: Es ist die Erzählung von dem sterblichen Beren, Sohn von Barahir und Emeldir und Erbe des Hauses Beor, und dem bezaubernden und unsterblichen Elbenmädchen Lúthien, die er Tinúviel rief. Beren sah sie zum ersten Mal, wie sie zwischen Schierlingsbüschen auf einer Lichtung in einem Wald tanzte.

> »Als er im Sommer durch den Wald von Neldoreth ging, da traf er Lúthien, Thingols und Melians Tochter, zur Abendzeit, als der Mond aufging, und sie tanzte auf dem immergrünen Gras der Lichtungen am Esgalduin. Da schwanden ihm alle Erinnerungen an seine Leiden, und ein Zauber fiel auf ihn, denn Lúthien war das schönste von allen Kindern Ilúvatars. Blau wie der wolkenlose Himmel war ihr

[16] Hierzu und im folgenden Carpenter, Humphrey (1979): J.R.R. Tolkien. S. 117-118

> Gewand, ihre Augen aber waren grau wie der Abend unter den Sternen; ihr Mantel war mit goldenen Blumen bestickt, ihr Haar aber war dunkel wie die Schatten der Dämmerung.«[17]

Von all seinen Legenden liebte Tolkien diese Erzählung von Lúthien und Beren, von einer romantischen Liebe mit Erschwernissen und Hindernissen, am meisten, auch deshalb, weil er die Gestalt der Lúthien mit seiner Frau Edith und die Geschichte mit seiner eigenen Situation zu Beginn seiner Liebe zu seiner Frau identifizierte. So veranlasste Tolkien nach dem Tode seiner Frau, dass unter ihrem Namen auf dem Grabstein der Name »Lúthien« hinzugefügt wurde. Schließlich sorgte er auch zu seiner Lebzeit dafür, dass nach seinem Tode der Name »Beren« unter seinem Namenszug ergänzt werden sollte. Sie waren beide die großen Liebenden von Mittelerde. Tolkien schrieb nach dem Tode seiner Frau in einem Brief an seinen Sohn Christopher darüber, warum er den Namen »Lúthien« mit auf den Grabstein setzen ließ:

> »Sie war meine Lúthien (und sie wusste es). Mehr will ich nicht sagen. [...] Denn immer noch (besonders wenn wir allein waren) trafen wir uns auf den Waldlichtungen und gingen Hand in Hand, um den Schatten des nahen Todes vor unserer letzten Trennung zu entkommen«[18]

---

[17] Tolkien, Christopher (Hrsg., 1999): J.R.R. Tolkien: Das Silmarillion. S. 221

[18] Carpenter, Humphrey (1979) S. 118

Welch schönere Beschreibung für eine romantische Liebe ließe sich ersinnen? Tatsächlich ähnelt nun Berens Situation in gewissem Maße auch Tolkiens eigener Lebenslage zu Beginn seiner Liebesbeziehung zu seiner Frau Edith. Beren und Lúthien mussten Jahre warten, bis sich ihre Liebe erfüllen konnte. Sie trafen sich oft heimlich und gingen zusammen durch die Wälder, von Frühling bis Sommer, bis sich Beren aufmachte, seiner ihm vom Schicksal auferlegten Prüfung entgegenzutreten; nämlich einen der Silmaril aus Morgoths Krone zu erlangen und diesen Thingol, dem Vater Lúthiens, zu überreichen und zum Geschenk zu machen, um so die Hand seiner Geliebten in die seinige legen zu können. Und auch Tolkien musste dergleichen lange Jahre des Wartens erdulden bis es schließlich zur offizielle Vereinigung bzw. der Hochzeit mit seiner geliebten Gefährtin kam. Denn äußere Umstände und ein strenger Vormund hatten zuvor jede andere Form des Kontaktes unmöglich gemacht.

Nun begegnet uns eine solcherlei beschaffene Liebesbeziehung offenkundig auch im *Herrn der Ringe*. Denn die Verbindung zwischen Aragorn und Arwen weist deutliche Parallelen zu jener Geschichte von Beren und Lúthien im *Silmarillion* auf. Und diese Parallelen beziehen sich nicht nur auf äußerliche, sondern auch auf inhaltliche Aspekte. Estel, wie Aragorn in Elronds Haus, in dem er aufwuchs, genannt wurde, erhielt von Elrond im Alter von zwanzig Jahren den Ring Barahirs als Zeichen für eine weitläufige Verwandtschaft zwischen ihnen. Barahir war der Vater Berens und erhielt jenen Ring für die Rettung Finrod Felagunds in der Dagor Bragollach, der »Schlacht des Jähen Feuers«. Jener

Ring, der auch als Felagunds Ring bekannt war, zeigte das Wappen des Hauses Finarfin, zwei Schlangen mit Augen aus Smaragd unter einer Krone aus goldenen Blumen. Aragorn war ein, wenn auch entfernter, Nachfahre Berens. Am nachfolgenden Tag spazierte Aragorn bei Sonnenuntergang allein im Wald. Unerwartet sah er eine junge Frau mit dunklen Haaren zwischen den Birken auf einem Rasen tanzen. Da er zuvor einen Teil des Liedes von Lúthien gesungen hatte, das die Begegnung von Beren und Lúthien im Wald von Neldoreth schildert, dachte er, er würde Lúthien oder ihr Ebenbild wie in einem Traum selbst erblicken. Gebannt von ihrer Erscheinung rief er sie: *Tinúviel*, *Tinúviel*, so wie es Beren vor langer Zeit getan hatte. Doch es war nicht Lúthien Tinúviel, sondern Elronds Tochter Arwen, die auch Undómiel genannt wurde.

> »Da wandte sich die Maid um und lächelte und sagte: ‚Wer seid Ihr? Und warum ruft Ihr mich mit diesem Namen?‘ Und er antwortete: ‚Weil ich glaubte, Ihr wäret wirklich Lúthien Tinúviel, von der ich sang. Aber wenn Ihr nicht sie seid, dann seid Ihr ihr Ebenbild.‘
> ‚Das haben schon viele gesagt‘, antwortete sie ernst. ‚Doch ihr Name ist nicht meiner. Obwohl mein Schicksal dem ihren nicht unähnlich sein wird.‘«[19]

So ahnt Arwen schon, dass sie beide eine Art Wiederverkörperung dieser berühmten Liebesbeziehung aus den Altvorderentagen sein werden. Ihnen steht ein ähnliches

[19] Tolkien, J.R.R. (1998): Der Herr der Ringe/Anhänge. S. 42

Schicksal bevor wie Beren und Lúthien. Auch sie werden eine lange Zeit warten müssen bis sich ihr Schicksal erfüllt und sie zueinander finden. Arwen ähnelt der liebreizenden Lúthien zum verwechseln und Aragorn selbst ist ein Verwandter Berens. Tolkien lässt diese alte Liebesbeziehung aus vergangenen Tagen hier im Dritten Zeitalter erneut aufleben. Sie wiederholt sich nicht nur inhaltlich, sondern auch die handelnden Personen sind Nachfahren jenes alten Paares. Es zeigt sich somit, dass dieses Motiv in Tolkiens Geschichten, in seinem Denken und in gewisser Weise sogar in seinem eigenen Leben eine wichtige Rolle gespielt hat. Alle drei Paare, Tolkien mit seiner Frau Edith, Lúthien und Beren und schließlich Arwen und Aragorn stehen auch als Sinnbild für eine romantische Liebesbeziehung. Denn worin sich die Romantiker grundlegend von den Strömungen des vorhergehenden Jahrhunderts unterschieden, war ihre Auffassung von der Liebe. Sie verstanden unter Liebe nichts Geringeres als ein Band idealer Harmonie zwischen Mann und Frau. Gerade Liebe und Freundschaft standen im Zentrum des romantischen Denkens. Und Tolkien war ein romantischer Geist, was sich an vielen Einzelheiten in seinen Erzählungen zeigt.

Nun, es wäre ein Irrtum die Vergötzung der Liebe nur für ein Phänomen der Romantik zu halten. Den Kult der Liebe als ein charakteristisches Kennzeichen der Romantik gab es schon in früheren Jahrhunderten. Bereits im zwölften Jahrhundert trat er im westlichen Europa in Erscheinung. Zunächst war die damalige Auffassung von der Liebe als eine den Menschen veredelnde Leidenschaft bekanntlich das Hauptthema der ritterlichen Troubadourendichtung in der

Provence. Jene Dichtung war Ausdruck einer besonderen, einer neuen Haltung dem schönen Geschlecht gegenüber. Es war eine Haltung ritterlicher Verehrung und Achtung. Diese Einstellung beeinflusste sogar das Spiel der Könige, das Schachspiel. Denn im 12. Jahrhundert gab man der mächtigsten Figur auf dem Schachbrett, die man bisher den Wesir genannt hatte, die Bezeichnung Königin oder Dame. Die Liebesdichtung der Troubadours, die neue Auffassung von Liebe, hatte eine tiefgreifende Wirkung, sie verbreitete sich rasch und ist auch in späteren Jahrhunderten nachzuweisen. Im kühlen, rationalen Klima der Aufklärung ebbte dieses emotionale Verhältnis der Geschlechter ab, jedoch belebte die Romantik jenes wieder neu und verstärkte es noch.[20]

Bei Tolkien allerdings verbindet sich die romantische Liebesvorstellung mit einer christlichen Überzeugung, nämlich mit dem sakralen Charakter des heiligen Bundes zwischen Mann und Frau. Die mittelalterliche *caritas*, die Hochschätzung, die Liebe, besonders auch die Nächstenliebe und Barmherzigkeit spielen hier mit hinein. Nach einer tugendhaften Entwicklung gelangte man zum Zielpunkt, der hohen Zeit, der Hochzeit. Und gerade im *Herrn der Ringe* bilden die Nächstenliebe und die Barmherzigkeit einen Eckpfeiler des dort vorhandenen Wertekanons. So zeigt sich beispielsweise die praktizierte Barmherzigkeit an der Art und Weise wie Gandalf, Bilbo und Frodo mit Gollum umgehen. Trotz seiner ganzen Niedertracht und seiner Bosheit wird er von ihnen verschont. Und nach und nach vollzieht sich eine Wandlung bei Frodo und Sam. Aus Hass und Ekel

[20] Vgl. hierzu z.B. Schenk, Hans Georg (1970): Geist der europäischen Romantik. S. 143 ff.

gegenüber Gollum werden schließlich Mitleid und Nachsicht.

> »Dieses zutiefst christliche Motiv der Nächstenliebe einzubringen, scheint Tolkien enorm wichtig gewesen zu sein, denn Frodos Entwicklung, nachdem er und Sam auf ihrer Reise Gollum begegnen, ihn verschonen und mitnehmen, zeugt von einer geistigen Reifung, der sich auch Sam im Laufe der Zeit unterzieht.«[21]

Ein weiterer Gesichtspunkt in diesem Zusammenhang ist Tolkiens Betonung der Freundschaft. Gandalf, Merry, Pippin und Sam geben Frodo immer wieder die Kraft und die Zuversicht, seinen Weg zu beschreiten und ihn bis zum Ende zu gehen. Gandalf stützt Frodo mit Rat und seiner Macht des Wissens, aber auch dadurch, dass Frodo fest auf Gandalfs Fähigkeiten vertrauen kann. Gandalf ist sein freundschaftlicher Mentor, so wie er es auch schon für Bilbo gewesen war. Aber obwohl Gandalf selbst in den Augen der Einflussreichen Mittelerdes als besonders mächtig angesehen wird, schaut er nicht auf die Hobbits herab, sondern sieht in ihnen Freunde. Insofern ist es nicht Gandalfs Drohgebärde, die Bilbo zwingt, den Einen Ring für Frodo zurückzulassen, sondern die Freundschaft und das Vertrauen, welche sich zwischen beiden in langen Jahren ihrer Bekanntschaft entwickelt haben. In Sam hingegen verwirklicht sich die Freundschaft in seiner vorbehaltlosen Solidarität und in seinem unumstößlichen Vertrauen zu Frodo. Die von

---

[21] Gloge, Andreas (2002) S. 79

Sam ausgestrahlte Zuversicht innerhalb der Gruppe der Hobbits und der Gefährten und die von ihm vorgelebte Überzeugung, dass Freunde füreinander einstehen, ist eine tragende Säule für alle anderen und lässt damit auch die Leser nicht unberührt.

In Tolkiens Leben spielten Freundschaftsbünde eine grundlegende und wichtige Rolle. Schon in seiner Schulzeit traf er sich regelmäßig mit einer Gruppe von Freunden, die sich zunächst »Tea Club« nannten und später dann »T.C.B.S.« Bereits dort konnte Tolkien seine Begeisterung für alte Sagen und Sprachen einbringen. Später dann, als er schon Professor in Oxford war und dort C. S. Lewis kennenlernte, kamen beide in einer von Tolkien initiierten kleinen Gruppe zusammen und lasen sich dort verschiedene altisländische Literatur vor. Dann, in den dreißiger Jahren des 20. Jahrhunderts, entstand eine Runde von Freunden, schreibenden Professoren und anderen Teilnehmern der akademischen Gemeinschaft, die sich mehrmals wöchentlich traf. So kam Tolkien dort regelmäßig mit seinen Freunden zusammen, den *Inklings*, um sich mit ihnen auszutauschen, einander vorzulesen und über die je eigenen noch unveröffentlichten Arbeiten und literarischen Werke zu diskutieren. C. S. Lewis schrieb ebenfalls über Phantastisches, und daher begann Tolkien dort auch zum ersten Mal aus dem *Herrn der Ringe* vorzulesen. Diese regelmäßigen Begegnungen waren für Tolkien zeit seines Lebens von großer Bedeutung.

Natürlich ist das Thema Freundschaft kein Thema, welches einer Epoche oder einer geschichtlichen Zeit besonders zugeschrieben werden könnte. Jedoch fallen auch hier die Romantiker auf, die jenes Motiv erneut mit besonderer Leidenschaft behandelten. Aus der Mythologie und der Geschichte der vorromantischen Zeitalter kennen wir eine große Anzahl von Freundschaftsbünden; wer allerdings die Briefwechsel der ersten Romantikergeneration in England und Deutschland gründlich liest, stellt sich die Frage, ob wohl jemals zuvor jemand Freundschaft mit soviel Enthusiasmus erlebt hat wie die Romantiker. In vielerlei Hinsicht offenbarte sich auch eine gemeinsame Zusammenarbeit, ein gemeinsames Wirken. So standen in ihrem Zentrum die Diskussion und die gegenseitige Kritik von Ideen oder im Entstehen begriffener Werke. Und der romantischen Bewegung fehlte es nicht an Organen für jene Aufgabe, ganz im Gegenteil. Es gab zu ihrer Zeit eine größere Anzahl von literarischen und philosophischen Gruppen oder *cénacles*, wie sie in Frankreich genannt wurden, als jemals zuvor oder nachher. Zumeist vereinigten diese Zusammenkünfte Männer aus den unterschiedlichen Bereichen der Literatur oder der Kunst. Hier erfuhr die Pflege des Gesprächs einen Aufschwung und eine wichtige Bedeutung.[22] Man las sich aus eigenen Texten, Gedichten und Geschichten vor, um anschließend jene zu diskutieren und sich darüber auszutauschen.

> »Niemals seit der Renaissance haben geistige Menschen so viele Gespräche und Diskussionen geführt, die nur das eine Ziel hatten: sich gegenseitig in der unerschöpflichen Kunst, die Wahrheit zu ergründen, anzuregen und zu bestärken. Ihnen kam es nicht darauf an, ihren Esprit glänzen zu lassen oder

[22] Vgl. Schenk, Hans Georg (1970) S. 149

> sich auf der Suche nach der Wahrheit in rationalen Argumenten und Gegenargumenten zu erschöpfen.«[23]

Zudem wurde durch die Kunst des Gesprächs ebenfalls die Kunst des Briefeschreibens durch die Romantiker belebt, da die Diskussionen auch dann fortgesetzt werden wollten, wenn der Partner an einem anderen Ort weilte. Folglich schrieben sie viel und häufig, um sich ihre Gedanken mitzuteilen. Es gab einen so umfangreichen literarischen Austausch auf internationaler Ebene, dass die Romantik gerade durch das Briefeschreiben zu einer europäischen Geistesbewegung wurde.

Oft standen das Phantastische und das Traumhafte im Mittelpunkt dieser Gespräche, ähnlich wie fast einhundert Jahre später in so manchen Gesprächen der Inklings. Auch zu Tolkiens Zeit und schon davor wurden die alten Geschichten, all die Ungeheuer und Hexen, Dämonen, Gnome, Trolle und magischen Mächte innerhalb eines auf Vernunft gegründeten Welt- und Literaturbildes ausgeblendet, aber der menschliche Hang zum Phantastischen und Wunderbaren ließ sich durch ein Voranschreiten der Vernunftwelt nicht gänzlich ausmerzen. Schon früh erkannten verschiedene Geistesströmungen die Gefahr, die der menschlichen Seele aus einer rigorosen Rationalisierung des Kosmos und der Austreibung des Irrationalen drohte. Und tatsächlich war es die Aufklärung selbst, die eine geistige Gegenbewegung hervorbrachte; da nämlich die Wunder in der Natur und der Welt nicht mehr als solche gesehen werden durften, suchte

[23] Ebd. S. 150

sich das Wunderbare in der Phantasie der Menschen einen neuen Ort, wo es sich frei bewegen und ausbreiten konnte. Die deutsche Romantik erwählte sogar die Begriffe »Phantasie« und »Märchen« zu Leitbegriffen ihrer Kunsttheorie. Das Märchen wurde zum ersten Prinzip und zur Form der Phantasie, zur formgebenden Regel einer ganzheitlichen Welterfahrung, die der zerstreuten gewöhnlichen Wirklichkeitserfahrung entgegengesetzt wurde. Machen wir uns also auf den Weg und beschauen die Epoche, die einen grundlegenden Einfluss auf die nachfolgenden Generationen hatte, die sich aus einer Gegenreaktion auf eine nur auf Rationalität und Vernunft bezogene Weltsicht verstand und die zudem das Denken Tolkiens mit beeinflusst hat.

Dem einen ist die Romantik ein Greuel, voller Unklarheit, Verworrenheit, ein Mangel an Maß und hierdurch unheimlich und nicht einschätzbar. Für den anderen ist die Romantik das große Zauberwort, Inbegriff alles Schönen. Sogleich wird er auf magische Weise von allen Geheimnissen des Lebens und der Welt berührt. »Er hört das Rauschen der Wälder, das Raunen verborgener Brunnen, alle Stimmen der Nacht, die beglückende Musik der Natur und des Alls. Und sein Inneres verwandelt sich. Der Geist flieht aus den gewohnten Bahnen; Sehnsüchte und Ahnungen werden wach, die kein Alltag kennt. Man weilt im Unendlichen und Unsagbaren. Da tun sich Wahrheiten auf, die dem kleinen Verstand nie und nimmer zugänglich sind. Das wahre Reich der Seele ist erreicht.«[24]

Wenden wir uns also der Romantik zu, von der wir bisher schon manches gehört haben, jener oft gescholtenen, aber

[24] Zelton, Heinrich, Wolfe, Eduard (1996): Der neue Literaturführer. S. 7

auch hoch gewürdigten Geistesströmung, die man bei Tolkien wie oben verdeutlicht z.B. in der Liebesbeziehung zwischen Arwen und Aragorn, Beren und Lúthien, in der Betonung der Freundschaft, aber auch in noch vielen anderen Einzelheiten erkennen kann. Denn viele der Grundpfeiler und Überzeugungen im Denken J.R.R. Tolkiens finden sich in und entspringen dem romantischen Gedankengut. Tatsächlich finden sich so viele Überschneidungen, dass man wohl mit Recht davon ausgehen darf, dass Tolkien ein Romantiker war. In der Romantik wie auch bei Tolkien finden sich beispielsweise

- die tiefe christliche Überzeugung, gepaart mit einer Hinwendung, Wiederbelebung und Neuentwicklung des Mythos auf der Basis alter Sagen und Legenden,
- die Überzeugung der Wichtigkeit einer Geschichtlichkeit, um seinen Platz innerhalb dieser Geschichte einsehen zu können,
- der Hang zu einer leisen Melancholie,
- ein Bevorzugen des Mittelalters und einer mittelalterlichen Atmosphäre,
- der Ruinenkult,
- ein vehementes Stemmen gegen ein zu rasches Voranschreiten einer oft sinnlosen Mechanisierung und Industrialisierung der Welt und damit einhergehend der Zerstörung der Natur,
- die tiefe Liebe und Hinwendung zur Natur und der Schöpfung,
- die Bevorzugung von Freundschaftsbünden.

Zudem auch der Hang zur Phantasie, ja sogar das Hervorheben der Phantasie und des Gefühls im Gegensatz zum reinen Verstandesdenken und die betonte Stellung des Märchens und seiner Bedeutung. All jene Punkte, die die Romantik zu dem machen, was sie ist, finden sich ebenfalls als exaltierte Überzeugungen bei Tolkien und in vielen seiner Werke. So verweisen z.B. Tolkiens Figuren immer wieder auf die (dunkle) Vergangenheit, auf die Sagen und Legenden längst vergangener Tage, man denke hier besonders an Gandalf.

Und Tolkiens tiefe Liebe und seine Freude an der Natur müssen kaum erwähnt werden, wenn man z.B. an seine Landschaftsbeschreibungen, die Ents oder an Tom Bombadil und *Goldbeere* denkt.

Auf also in die Romantik, um zu betrachten, wie sie entstand und um erahnen zu können, welchen Einfluss sie auf den Menschen und den Schreiber Tolkien hatte.

Romantisches Denken und Fühlen

»Phantasie ist wichtiger als Wissen«
Albert Einstein

Die Geistesströmung der Romantik war ein vielschichtiges Phänomen in der ersten Hälfte des 19. Jahrhunderts. Es sind gewöhnlich die Jahrzehnte zwischen 1790 und 1840, die als Zentrum dieser Geisteshaltung gesehen werden. Sie gilt als die letzte, ganz Europa umfassende geistige Bewegung und hatte eine universale und tiefgreifende Bedeutung. Ihre territoriale Ausdehnung erfasste nicht nur alle Teile Europas mit Ausnahme der Türkei, sondern auch den amerikanischen Kontinent. Sie hatte nicht nur Einfluss auf die Literatur im Allgemeinen oder die Lyrik im Besonderen, sondern auch auf die Musik, die bildenden Künste in den verschiedenartigsten Ausprägungen, auf das soziale Denken und das Geschichtsverständnis. Und schließlich prägte sie auch die Vorstellung der Menschen vom Jenseits und Diesseits. Viele Lebensbereiche sind durch die ausgedehnte Strömung der Romantik verändert worden. So waren wesentliche Anliegen die Frage nach dem Gleichgewicht von intuitiven und rationalen Begabungen des Menschen oder nach seinem Verhältnis zur Natur. Sogar auf den Stil des ehrwürdigen Schachspiels wirkte die Romantik sich aus. Denn es war charakteristisch für die romantischen Schachmeister, dass sie sich bei der Taktik ihres Spiels mehr auf die Intuition und nicht auf die Berechnung verließen. Dergestalt wurden einige der erfolgreichsten Züge einfach intuitiv gemacht, da es für den menschlichen Verstand nicht möglich ist, alle Kombinationen in so kurzer Zeit Schritt für Schritt zu analysieren. Intuition ist zwar nicht an eine besondere Altersgruppe gebunden, dennoch scheint ein bestimmter Zusammenhang von intuitiver Wahrnehmung und jugendlichem Alter zu bestehen. Dieser Zusammenhang mag auch Erklärung dafür sein, dass die romantische Epoche eine Ära der Jugend par excellence war.[25] Und ist die Intuition nicht offensichtlich auch ein wesentlicher Punkt, der im *Herrn der Ringe* zu finden ist? Die Sensitivität der Elben, die nicht nur aufgrund ihrer hervorragenden Sinnesorgane Feinde vorher erspähen können, sondern auch eine intuitive Gabe besitzen, die sie für Kommendes sensibel macht, weist auf diesen Punkt hin. Auch Gandalfs intuitive Vorausschau, die nicht nur auf faktisches Wissen zurückführbar ist, sondern dergleichen auch auf einem Gefühl, auf Intuition fußt, deutet diesen Punkt an.

Die Bedeutung des Wortes »romantisch« geht auf ein altfranzösisches Wurzelwort »romanz« zurück, welches zunächst Dichtung in der Landessprache bedeutete, d.h. die romantische Volkssprache im Gegensatz zum Latein der Gelehrten bezeichnete. Später dann erhielten Dichtungen in dieser Sprache, die zumeist von Rittern und ihren Abenteuern handelten, den Namen »romance«, also »Romanze«. Schließlich ging der »Roman« aus diesem sprachlichen Kern hervor. Aufgrund der im Begriff »Roman« mitschwingenden Bedeutung des Unwirklichen bezeichnete der erstmals 1650 in England belegbare Begriff »romantic« das Fabulöse, das Romanhafte. Mit dem gleichen Gehalt trat das Wort »ro-

[25] Vgl. Schenk, Hans Georg (1970) S. XIII und S. 5

mantique« 1694 in Frankreich und in der Form »romantisch« 1698 in Deutschland auf. In jenen Ländern wurde es, ähnlich wie »gotisch« oder »barock«, zunächst abschätzig gebraucht. Und erst später wurde es durch die Begründer der romantischen Bewegung zum höchsten Kunstbegriff erklärt. In heutiger Zeit wirkt das Wort »romantisch« in der Alltagssprache zwischen den Begriffen Phantasie, Irrationalität, Sentimentalität, Naivität und Altertümlichkeit weiter.
Der Gegenbegriff zu »romantisch« wurde der Begriff »klassisch«, der die Kultur und die Kunst der Antike bezeichnet, die als dominierende Bildung und Gelehrsamkeit gesehen wurde. Goethe bezeichnete einst das Romantische als das Kranke und das Klassische als das Gesunde. Dabei war er selbst doch ein Romantiker in seinen Anfängen und ihm lassen sich ausgesprochen romantische Neigungen und Schaffenszeiten zusprechen; zudem gab er dieser Bewegung doch den »Werther«, der ein Symbol für viele Romantiker wurde. Und auch heute noch mag es die Geistesverwandten Werthers geben, die empfindsam für die zerbrechlichsten Regungen der eigenen wie fremden Seele sind, voller Begeisterung und Gefühlserregung, jedoch scheinbar verwaist in der Welt, an der ihre Ideale zunichtewerden, in ihrer Kreativität gestört und verlassen und hierdurch in tiefe Resignation oder Selbstzerstörung getrieben.
Als ausgeprägte Eigentümlichkeiten des romantischen Denkens und Fühlens sind immer wieder die unstillbare Sehnsucht, die Abenteuerlust, die Phantasie und das Suchen eines unsteten Geistes herausgestellt worden. Im Mittelpunkt stehende Begriffe sind hier: Eine gesteigerte Reflexion und Sensibilität, Melancholie, Schwärmerei, Sehnsucht, Welt-

schmerz und eine gewisse Unrast und Unruhe, innere Verlorenheit und die Zwiespältigkeit des eigenen Lebensgefühls, Natur und Kunst. Wahrlich, die Romantiker waren verwegene Geister, haben ihre Zeit aufgewühlt und erschüttert, sie haben zahllose Pfade gewiesen und Quellen des Lebens erschlossen, die nie mehr versiegen. »Und deshalb hat der Romantiker so viel *Sehnsucht*, eine ganz unbestimmte, allgemeine Sehnsucht. Sie wird geradezu ein Lebenselement. Mit aller Macht der Seele strebt er nach neuen Beziehungen. Durch sie will er wieder Zugang zu den verschütteten Quellen des Lebens finden. Aus Einsamkeit möchte er in Gemeinsamkeit. So beginnt er unermüdlich zu suchen [...] Er findet – und geht rastlos weiter.«[26]

[26] Zelton, Heinrich, Wolfe, Eduard (1996) S. 10

Fortschritt und Rationalität

Im Zeitalter der Romantik bezog man aus verschiedenen Gründen und auf unterschiedliche Art und Weise Stellung gegen die Überbewertung und Übermacht des Rationalen im Menschen. Es galt, gegen ein Übermaß an Vernunft in die Schlacht zu ziehen, da sie als die Hauptverführerin des Menschen verstanden wurde. Jener Kampf zog sich über ganz Europa, auf jeden Fall über die Teile Europas, welche zuvor unter den Einfluss der Aufklärung gekommen waren. »Während Espronceda, der spanische Romantiker, in seinem Gedicht *Estudiante de Salamanca* (Der Student von Salamanca) die Geißel der Vernunft verfluchte, erklärte der führende polnische Romantiker, Mickiewicz, in einem *Romantik* betitelten Gedicht, dass ihn Gefühl und Glaube stärker faszinierten als das prüfende Auge und das Vergrößerungsglas des Gelehrten. Der Italiener Leopardi billigte den Qualitäten des Herzens den höchsten Rang zu, einen höheren als den Kräften der Vernunft. In England hat Coleridge [...] behauptet, dass Gedankentiefe nur von einem Menschen erreicht werden könne, der auch Gefühlstiefe besitze.«[27]

So stellten die Romantiker die Phantasie und die Leidenschaft über die Vernunft, da sie ihnen eine unerschöpfliche Quelle des menschlichen Schaffens und der Schöpfung waren. Die Überzeugung, dass die Phantasie von höchster Wichtigkeit sei, fand man nicht nur bei Dichtern, sondern ebenso bei Musikern, Malern und anderen Künstlern. Es

[27] Schenk, Hans Georg (1970) S. 4

war eine Strömung, die nahezu alle gesellschaftlichen Schichten beeinflusste. Somit verlangten Gefühl, Phantasie und die Kräfte der Innerlichkeit wieder ihr Recht auf Geltung. Natürlich gab es Vorläufer dieser romantischen Anstrengung, die sich gegen die Einseitigkeit eines rationalen Zeitgeistes wandten. Es war die kurze, aber geniale Epoche des *Sturm und Drang*, die bereits in einem konzentrierten und kräftigen Auflodern eine solche Hinwendung zu den Gefühlen und der Phantasie einforderte. Allerdings verzerrte sie sich in kurzer Zeit. Erst die Romantik war eine bewusste Anstrengung diesbezüglich und ein wahrer Aufbruch des Geistes nach neuen und entlegenen Zielen. Wesentliche Neuordnungen im menschlichen Gefühlsleben vollziehen sich nur gelegentlich und auch nur langsam; im Zeitalter der Romantik jedoch fand tatsächlich eine solche durchgreifende Veränderung statt.

Der Rationalismus stand im Fokus der romantischen Kritik, da in den Augen der Romantiker viele seiner analytischen Schlussfolgerungen nicht angemessen seien, weil er einen wesentlichen Teil der Natur und der menschlichen Existenz ausblende. Die Romantiker suchten danach, die Ganzheit des menschlichen Seins zu erfassen. Folgender Auszug eines Briefes von Colderidge, einem englischen Romantiker, verdeutlicht dies:

> »Ich habe einige Menschen gekannt, die rationalistisch erzogen worden sind, wie es modisch ist. Sie zeichneten sich durch einen geradezu mikroskopischen Scharfsinn aus, aber wenn große Dinge in ihr Blickfeld trafen, wurde alles vor ihren Augen leer

> und sie sahen nichts. Sie leugneten (und dies war sehr unlogisch), dass man irgend etwas sehen könne [...] und nannten den Mangel an Phantasie Urteilskraft, und die Unfähigkeit, sich jemals zur Begeisterung hinreißen zu lassen, nannten sie Philosophie.«[28]

Das ganze 19. Jahrhundert und darüber hinaus wurde von der zunehmenden Herrschaft eines linearen und monokausalen Fortschrittsdenkens bestimmt, gerade auch in den Wissenschaften, der Philosophie und dem allgemeinen Lebensgefühl mit seinen sozialen und politischen Intentionen. Die philosophische Formulierung dieses rationalen Fortschrittsdenkens fand sich in Hegels dialektischem Prozess. Hier wurde die Geschichte als eine dialektische Bewegung verstanden. Dieser Prozess erhob den Wechsel und die Veränderung zu einem Grundprinzip des gesamten Lebens. Hier ist kein Zustand von Dauer, jede Stufe der Dinge enthält einen Widerspruch, den nur der Streit der Gegensätze lösen kann. So sollte dieser dialektische Prozess jedesmal etwas Neues, Besseres hervorbringen. Die Geschichte hatte in solch einem Verständnis das Ziel, das Wachstum der Freiheit zu sichern und zu fördern, und der Staat galt als die organisierte Freiheit. Am Ende der Geschichte sollte durch einen stetigen menschlichen Fortschritt Perfektion stehen. In diesem Zusammenhang war die Aufwertung der Zukunft von fundamentaler Bedeutung, da sich ja nur in Verbindung mit ihr die zukunftsgläubigen und progressiven Tendenzen etablieren konnten.

[28] Zit. nach ebd. S. 6

Aus dieser Entwicklung entstand nun in den letzten Jahrzehnten des 18. Jahrhunderts und den ersten Jahrzehnten des 19. Jahrhunderts, wie oben bereits erwähnt, die schöpferische Gegenbewegung der Romantik. Die Romantik begehrte auf gegen das herrschende Weltverständnis. Die Romantiker bezogen deutlich Stellung zu dem damals modernen Hauptideal, dem Fortschrittsdenken. Und auch Tolkien war davon überzeugt, dass ein naiver Fortschrittsglaube und seine Auswirkungen sinnlos, ja geradezu schädlich für die Zivilisation oder die Gesellschaft seien. Eine andere Haltung wies er mit dem Satz »Fortschritt wohin?« zurück und unterstreicht damit einen wichtigen Aspekt. Seine Skepsis in Hinsicht auf den Fortschritt hing gleichfalls mit seinem religiösen Glauben zusammen. Tatsächlich übersetzte er seine fortschrittskritische Haltung künstlerisch in das beschaulich ländliche Idealbild des Auenlandes, das als Antagonist zu der modernen industrialisierten Gesellschaft fungiert.[29]
Dass Bleibendes nicht mehr gefragt ist, als rückschrittlich, verstaubt und nicht mehr zeitgemäß gilt, ist gerade in unseren Tagen und in unserer Zivilisation eine alltägliche Erfahrung. Jenes gilt für materielle Dinge genauso wie für moralische Werte. Wir leben in einer Zeit zunehmender Beschleunigung: schneller, weiter, höher, mehr von allem, besonders von Neuem, Weltneuheiten, Innovationen, dieses ist unser gängiges Lebensgefühl. Nun verdeckt der positive Assoziationsgehalt des Wortes *Fortschritt* seine primäre Bedeutung: Es ist das Fortschreiten, das möglichst schnelle Fortkommen von dem Ort, an dem man sich befindet. Dem Fort-

[29] Vgl. Rees, Margaret (2002): Tolkien und die Flucht vor der Moderne. http://www.wsws.org/de/articles/2002/04/tolk-a12.html [30.09.13]

schrittsdenken ist insofern eine habitualisierte Unzufriedenheit immanent. Das Positive, die Vision von einer besseren Welt zeigt sich immer erst im zweiten Denkschritt; am Anfang steht zunächst immer die Negation des Gegenwärtigen. Es wird als verbesserungswürdig und schlecht erachtet, als mangelhaft empfunden. Die Idee einer offenen, d.h. selbstbewusst und selbstverantwortlich zu gestaltenden Zukunft, wie sie in der Philosophie der Aufklärung formuliert wurde, schlägt in der Realität der bürgerlichen Gesellschaft mehr und mehr ins Gegenteil um. Fortschritt ist zu einer linearen Bewegung durch die Zeit geworden, dessen Triebkraft nicht mehr die Annäherung an ein »vernünftiges« Ziel ist, sondern vielmehr die möglichst schnelle Entfernung von irgendeinem Ausgangspunkt. Die Zukunft ist so zu einem surrealen Konvergenzpunkt einer gesellschaftlichen Dynamik geworden, in der zwanghaftes Wachstum, technischer Größenwahn und Rigorismus zum Selbstzweck geworden sind.[30]

Exemplarisch für eine fundamental materialistisch-atheistische Weltansicht lässt sich La Mettrie und sein Hauptwerk aus dem Jahre 1748 *L'homme machine* (*Der Mensch eine/als Maschine*) benennen, das die Gleichung *der Mensch als Maschine* aufmachte. Eine Gleichung, die zu jener Zeit in ihrer Bedingungslosigkeit zunächst Aufruhr hervorrief, sich dann aber zusehends durchsetzte.[31] In der Romantik trat nun auch eine Umwertung einer zuvor sich ausbreitenden me-

[30] Vgl. Bidlo Oliver (2002): Zeitlose Werte? In: Büchergilde Gutenberg (2002): Sehnsucht nach Sinn. S. 75 ff.

[31] Heute hingegen vertritt die Naturwissenschaft nicht selten – in leichter Abwandlung zu jener frühen Perspektive – eine ähnliche Sichtweise.

chanischen Metaphorik ein. Galten Bilder mit einem mechanischen Bezug vorher als positiv, so gewann der Vergleich mit einem Mechanismus seit dem späten 18. Jahrhundert vor allem gegenüber dem Staat zunehmend polemische Akzente. Das Bild von der Staatsmaschinerie wurde mehr und mehr negativ gesehen. Dominierte zuvor noch die Bewunderung für die Maschine, wurde jetzt die Furcht vor ihr spürbar. Die Maschine erschien, wo nicht gefährlich, wenigstens als geist- und seelenlos. Die Romantiker sahen in der Maschine, dem Apparat oder dem *Maschinenmenschen* den drohenden Verlust der menschlichen Freiheit.

Nietzsche schrieb einmal in diesem Zusammenhang in seinem Buch *Die fröhliche Wissenschaft*, allerdings später im ausgehenden 19. Jahrhundert: »Eine essentiell mechanische Welt wäre eine essentiell sinnlose Welt.« Nun hat sich der Glaube an einen vom Menschen gesteuerten unbegrenzten Fortschritt, der einhergeht mit einer zunehmenden Befriedigung der Menschen bis in unsere Tage gehalten, aber er hat sich deutlich abgeschwächt; und nur noch naive Optimisten sehen in einem zügellosen Fortschrittsdenken ein Heil für die Menschheit.

Die Komplexität des Lebens im Übergang vom bürgerlichen zum technischen Zeitalter nahm mit einer Geschwindigkeit zu, wie es davor für noch kein anderes Zeitalter gegolten hatte. Die Gesellschaften differenzierten sich in zunehmendem Maße und dadurch entstanden Spezialistentum und Arbeitsteilung. Durch den schnellen theoretischen und praktischen Fortschritt in den Naturwissenschaften wurden Fragen lauter nach der tatsächlichen oder eingebildeten Macht der Menschen über die Natur. Nun stand jener gesellschaftliche Wandel in einem ökonomisch so fortgeschrittenen Land wie Großbritannien weniger unter philosophischen Aspekten, sondern erschien allgemein mehr als anwachsende Komplexität des gesamten Lebens.[32] Immer mehr wurde deutlich, dass die Städte, dass die Gesellschaften den Gegenort zur Natur darstellten.

[32] Vgl. Schulz, Gerhard (1996): Romantik. S. 41 ff.

Industrialisierung und Natur

Gerade die Romantiker mit ihrem stark ausgeprägten Schönheitssinn und ihrer Liebe zur Natur fühlten sich von der sich ausbreitenden Hässlichkeit der neu entstandenen Industriegebiete abgestoßen. In Großbritannien, das in dieser Hinsicht wesentlich weiter fortgeschritten war als der europäische Kontinent, formulierte sich eine Aversion gegen die Deformierung der Natur und der zunehmenden Mechanisierung der Welt. Der amerikanische Schriftsteller George Ticknor beschrieb damals bei einem Besuch in Newcastle-on-Tyne und Umgebung treffend:

> »Beim Anblick jeder Kohlengrube bietet sich das Bild, dass irgendwo eine Menge kleiner Kohlenstücke, die aus den Öfen herausgefallen sind, beständig brennen und die Lichtwirkung des gleichsam über in Flammen stehenden Erdbodens auf Maschinen und Arbeiter war schrecklich. Ich glaubte mich in Dantes Schattenreich versetzt.«[33]

Auf viele Menschen wirkten Reisen durch die Kohlengebiete ähnlich. Sie sahen in ihnen Gebiete der ewigen Höllenstrafe; ein bedrohlicher, dunkler Himmel, mitunter durchzogen von gleißendem Feuer, verbrannter Erde, verpesteter Luft, verseuchten Flüssen und Seen, in denen kein Leben mehr beheimatet war. Aber auch die Arbeiter selbst, die Menschen also, waren als solches kaum noch zu erkennen,

[33] Zit. nach Schenk, Hans Georg (1970) S. 21

sahen sie doch in dieser Umgebung und mit ihren »verkohlten« Körpern mehr wie Heerscharen von Seelenlosen aus. Die Romantiker liebten die Natur, sie schwärmten davon, dass die Natur im Menschen zugleich Stille und Harmonie und auch Bewegtheit hervorrufe. Natur und menschlicher Geist standen in Wechselwirkung zueinander. Somit erfüllte sie eine tiefe menschliche Sehnsucht. Durch die Kraft der Natur konnte eine müde und schmerzerfüllte Seele neu belebt und besänftigt werden.

Genau das ist es auch, was die Natur im *Herrn der Ringe* ausmacht. Sie ist beseelt und voller Leben, ihre Zerstörung gilt als ein Akt des Bösen. Tolkien war persönlich von dem Gefühl geleitet, die in seiner Zeit aufkommende Mechanisierung der Welt und aller Lebensbereiche zu kritisieren, die seine ihm bekannte Welt, die Natur und Beschaulichkeit Mittelenglands einschneidend veränderte. Man sieht in *Der Herr der Ringe* deutlich Tolkiens Bewunderung und Liebe zur Natur, den Bäumen und der Pflanzenwelt. Nicht zufällig erscheint die Natur in seinem Werk nicht klar getrennt zu den Menschen oder den anderen Rassen, sondern als beseelt und höchst lebendig. Die Übergänge zwischen Natur und Lebewesen sind fließend, was sich exemplarisch an den Ents zeigt oder an den Huorns, den Baumgeistern wie der Alte Weidenmann. Die Huorns waren in der Lage, sich aus ihrem Pflanzendasein zu erheben und sich zu bewegen. Dann ähnelten sie einem Ent. Tolkien entlehnte diese Sichtweise den irischen Sagen und Märchen, in denen Bäume nicht nur von Geistern behaust werden, sondern selbst beseelt sind.[34] Außerdem stellt Tolkien der Natur im *Herrn der Ringe* einen

---

[34] Vgl. Bidlo, Oliver D. (2012): Mythos Mittelerde. S. 136 ff.

Hüter zur Seite, eine Art Naturgottheit könnte man sagen. Es ist der rätselhafte Tom Bombadil, der Meister des Waldes, des Wassers und der Berge wie Goldbeere, seine Gattin, ihn nennt. Er selbst steht scheinbar außerhalb jeglicher Hierarchie der Macht, so dass auch der Ring keine Macht auf ihn ausüben kann.

Dergestalt verdeutlichen die verwüsteten und trostlosen Landschaften in Mordor und rund um Isengart diesen Punkt. Die sich ausbreitende Zerstörung, die verpestete Luft und die kaum noch vorhandene Tier- und Pflanzenwelt erwecken den Eindruck einer durch die fortschreitende Industrialisierung entstellten Landschaft. Sie markiert den Einzugsbereich des Bösen. Betont wird dieser Umstand durch den vom Bösen stigmatisierten Gollum und seinen Reaktionen auf üppige Landschaften und eine duftende Blumen- und Pflanzenwelt. Sie bereiten ihm physische Qualen, während umgekehrt Frodo und Sam aufleben und neue Kraft und Mut tanken. Gollum entwickelt demgegenüber in den morbiden und übelriechenden Gebieten Mordors neue Kraft, während die Hobbits zu ersticken drohen. Tolkien drückt hier den Zorn und die Empörung vieler moderner Menschen über das Zeitalter aus, dass die Natur zerstört und schändet und sich somit die eigene natürliche Grundlage nimmt.[35] Tolkien selbst liebte die Natur, ausgedehnte Wanderungen durch die Wälder, Spaziergänge über grüne Hügel; für ihn war die Natur beseelt von Leben. Eine augenscheinliche Verquickung der mittelalterlichen Welt mit der modernen Zeit und der damit verbundene Stein des Anstoßes für die Romantiker, nämlich die Kritik am Fort-

[35] Vgl. ebd. S. 128-129

schritt und der Zerstörung der Natur und der Geschichte, verdeutlicht dieses Bild von Alfred Rethel, welches um 1834 entstand: Es zeigt die Harkortsche Fabrik auf Burg Wetter. Gerade solche Bilder ließen die Romantiker aufbegehren gegen die zunehmende Industrialisierung. Entstellt und gequält wirkt die alte Burg gegen ihre neuen Konkurrenten, die Dampf spuckenden Schlote und Schornsteine der Industrie.

Tatsächlich lässt dieses Bild entfernt an die Lande rund um Isengart und an die teuflischen Verliese und Schmelzöfen Sarumans erinnern: Dort, wo Dampfwolken aus den großen Schloten strömten und die Welt in einen dunklen Nebel getaucht wurde, wo Eisen und Stahl gefertigt wurden und Unmengen an Orks die Feuer der Hochöfen mit natürlichen

Ressourcen, mit dem Holz der Bäume, anheizten. Tolkien hat dies eindrucksvoll beschrieben:

> »Schächte waren tief in den Boden hineingetrieben; ihre oberen Enden waren mit niedrigen Hügeln und Kuppeln aus Stein bedeckt, so dass der Ring von Isengart im Mondschein wie ein Friedhof von unruhigen Toten aussah. Denn der Boden zitterte. Die Schächte führten über viele schräge Stollen und Wendeltreppen hinunter in tiefe Verliese; dort hatte Saruman Schätze, Warenlager, Waffenkammern, Schmieden und große Schmelzöfen. Eiserne Räder drehten sich dort ununterbrochen, und Hämmer dröhnten. Des Nachts strömten Dampfwolken aus den Schloten, auf die von unten rotes oder blaues oder giftgrünes Licht fiel.«[36]

Diese Metall verarbeitenden Schmieden und Schmelzöfen sind die Vertreter einer Welt, in der die Industrie und die industrielle Entwicklung der Natur den Rang abgelaufen haben. In einem solchen Bild manifestiert sich dann augenscheinlich die Opposition von Zerstörung und Kreativität. In den Augen Tolkiens kann nur eine Welt Bestand haben, die mit der Mechanisierung und Industrialisierung bedächtig umgeht. Es klingt fast wie der Leitspruch Jean-Jacques Rousseaus »zurück zur Natur«. »Der gesamte *Herr der Ringe* ist eine Elegie an die Vergangenheit, durchzogen von der Sehnsucht nach einer besseren Welt, einem goldenen Zeitalter, das der historischen Entwicklung entzogen ist.«[37]

[36] Tolkien, J.R.R. (1981): Der Herr der Ringe. Bd. 2, S. 181
[37] Rees, Margaret (2002), a.a.O., o.S.

Hier erinnert augenscheinlich sehr viel an die Überzeugungen der Romantiker, die die zunehmende Ausbreitung der Maschinen und die Zerstörung der Natur fürchteten, aber auch den Glauben an ein vergessenes goldenes Zeitalter hegten. Und ebenso jene von den Romantikern, die die zunehmende Technisierung nicht so düster sahen, fürchteten sich dennoch vor einem anwachsenden Ungleichgewicht zwischen der Industrie und der Landwirtschaft, zwischen der anwachsenden Stadtbevölkerung und den immer kleiner werdenden Dorfgemeinschaften. Besonders schreckte sie die Seelenlosigkeit und Künstlichkeit dieses aufkommenden modernen Lebens in den Städten ab. Obgleich es noch gar keine Hochhäuser und Wolkenkratzer gab und die Einwohnerzahl in den größeren Städten die Millionengrenze noch nicht erreicht hatte, sahen die Romantiker in ihnen schon eine Menschenwüste, trist und grau, leer und leblos.

Auch die Stellung und das Schicksal der Arbeiterschaft in einer zunehmend mechanisierten Arbeitswelt ahnten die Romantiker voraus. Nämlich, dass sie nur noch ein Teil, ein Zahnrad oder ein unwesentliches Beiwerk einer den Takt vorgebenden Maschine werden. Jene dunklen Vorahnungen über einen Triumphzug der Naturwissenschaften und der Technik und was er nach sich ziehen würde, diese negative Weissagung der Zukunft mit ihrem Blick auf die Nachtseiten der herannahenden Zeit führte auch zu der Bezeichnung »schwarze Romantik« für diese Strömung innerhalb der Romantik. In ihr trat der Nihilismus hervor, die Überzeugung von der Nichtigkeit alles Bestehenden; gleichwohl glaubten die Anhänger dieser romantischen Prägung an die Existenz eines Nichts. Obgleich sie jede Hoffnung ablehn-

ten, erhofften sie dennoch das Ausgelöschtwerden durch den Tod. Denn wer an einer unheilbaren Sehnsucht und hoffnungslosem Weltschmerz litt, dem blieb letztlich nur noch der Tod als Ausweg und Errettung. Die Sehnsucht der Romantiker nach dem Tod, der Aufbruch ins Nichts war bedeutsam; denn es ist auffallend, dass viele Romantiker jung gestorben sind. Sicherlich lässt sich dies nicht für alle sagen, es ist somit kein für alle allgemeingültiges Phänomen, dennoch war es eine latent vorhandene Seite der romantischen Bewegung, die Wahrnehmung von Vergänglichkeit, die Sehnsucht nach einer Tiefe, das Fernweh nach der Abberufung. Tolkien war kein Anhänger der schwarzen Romantik, auch wenn die Melancholie, Sehnsucht und Wehmut bei den leserinnen und Lesern und einigen Protagonisten der Geschichten ein steter Begleiter bei der Wanderschaft durch die Welt Mittelerdes ist. Denn zugleich finden sich dort auch Freude, Hoffnung und Zuversicht als tragende Elemente der Geschichte, die Tolkien dort verankert hat.
Entfernt erinnert die Charakterisierung der Romantiker an die Elben in Mittelerde. Schon die Weisen von Mittelerde erkannten dies. In den Elben herrschte eine Sehnsucht, die, einmal geweckt, unstillbar schien. Es zog sie den Möwen nach zum Großen Meer, um von dort überzusetzen in den Alten Westen, in die Unsterblichen Lande. Den Elben bedeuteten Poesie, Kunst, Musik und Wissenschaft mehr als Besitz oder Macht.

> »Ihre große Schwäche war, dass sie der Vergangenheit nachtrauerten und dem Wandel abgeneigt waren. Sie werden ein wehmütiges Volk, ihre Kunst

> wird antiquarisch, und all ihr Trachten geht nun auf eine Art Einbalsamierung (Tolkien).«[38]

Dieses Zitat unterstreicht zudem, dass Tolkien der Fortentwicklung nicht zwingend abgeneigt war, sondern nur einem zügellosen Fortschritt. Schlussendlich sei auf Tuor und Tolkiens Schilderungen verwiesen, wie dieser als erster Sterblicher das Meer erblickt – Julian Eilmann hat es in seinem Vorwort zu diesem Buch zitiert und es soll hier abschließend wiederholt werden, da es eine tiefe Sehnsucht zum Ausdruck bringt:

> »Auf diese Weise […] gelangte er unvermittelt an das steil abfallende, schwarze Ufer Mittelerdes und erblickte das Große Meer, Belegaer, das Uferlose. Und in dieser Stunde versank hinter dem äußersten Rand der Welt die Sonne wie ein riesiges Feuer. Tuor stand mit ausgebreiteten Armen allein auf der Klippe, und eine tiefe Sehnsucht erfüllt sein Herz. Es heißt, er sei der erste Mensch gewesen, der bis ans Große Meer vordrang, und niemand, die Eldar ausgenommen, habe jemals tiefer jenes Verlangen verspürt, das von diesem Meer ausging.«

---

[38] Krege, Wolfgang (1999): Handbuch der Weisen von Mittelerde. S. 114

Mittelalter und Christentum

Zu allen Zeiten und in allen Kulturen hat es Propheten der Apokalypse und des Weltunterganges gegeben und ganz besonders gegen Ende des Mittelalters. Niemals jedoch trat dieses Phänomen so konzentriert hervor wie in der Romantik. Wer von Zukunftsvisionen gequält wird, schaut mitunter mit einem sehnsüchtigen Blick auf die Vergangenheit zurück und versucht überdies im Stil einer längst vergangenen Zeit zu leben und dort Ruhe zu finden und Zuversicht zu gewinnen. Denn als geistig selbsttätiges Wesen trägt er die Zeit mit sich und kann daher sein geistiges Lager aufschlagen, wo er will. Mit diesem Verhalten ist einer der wichtigsten Wesenszüge der Romantik angedeutet. Aus diesem Grund ist es kaum verwunderlich, dass die Romantik das literarische Genre des Ritterromans erschuf, obgleich es bereits vorromantische Ansätze diesbezüglich gab. An dieser Stelle sei Sir Walter Scott genannt, welcher keltische Vorfahren hatte, der diese vergangene Epoche wieder zum Leben erweckte und jene sich in kurzer Zeit weltweiter Beliebtheit erfreute. Während das Mittelalter noch in der Renaissance und zur Zeit der Aufklärung als eine schlafende und dunkle Epoche gesehen wurde, wie oben bereits beschrieben, gewann das Mittelalter im Zeitalter der Romantik einen hohen Stellenwert. Ja, es wurde sogar solchermaßen idealisiert, dass man den Romantikern eine nahezu unkritische Haltung bezüglich des Mittelalters vorwarf und vorwerfen konnte.

Diese heftige Hinwendung der Romantiker zum Mittelalter entsprang einer Vielzahl von Beweggründen, wobei die Sehnsucht nach einem goldenen Zeitalter ein wesentlicher war. Weiterhin galt das Mittelalter in ihren Augen als eine Zeit, in der die Religion noch eine enge Bindung zu den Menschen hatte. Man gewann die Erkenntnis, dass sich der moderne Mensch immer weiter vom Christentum entfernte und dergestalt einen unwiederbringlichen Verlust erlitt. Aufgrund der eigenen geistigen Ungewissheit ihrer Zeit und der Zweifel an ihr erschien diese längst vergangene, aber mit Glauben erfüllte Epoche als ein goldenes Zeitalter. Man erinnerte sich daran, wie die mittelalterliche Kirche Jahrhunderte vor Entstehen des modernen Wohlfahrtsstaates karitative und soziale Verantwortung übernahm und diese beispielsweise bei der Behandlung und Pflege von Kranken praktizierte. Allerdings wurden mitunter die vielen dunklen Kapitel der Kirchengeschichte naiv ausgeblendet. Zwischen diesen Extremen, der Vergötterung und der Verteufelung, etablierte sich zunehmend die Sichtweise, dass man über die Vergangenheit nicht verächtlich denken solle, wenn man die Gegenwart besser machen wolle, jedoch umgekehrt die Vergangenheit nicht irrtümlicherweise zu einem Götzen auf ein goldenes Podest heben dürfe.[39] Allerdings sollte man nicht vergessen: Je mehr man geschichtlich denken lernt, desto mehr wächst auch das Bewusstsein, für das Kommende, Zukünftige verantwortlich zu sein. Aus diesem Grund war die Romantik eine Kultur mit großer Vergangenheit, die demnach tief in die Gegenwart hinein reichte und dergestalt auf die Zukunft ausstrahlt.

[39] Vgl. z.B. Schenk, Hans Georg (1970) S. 32-39

In diesem Zusammenhang stand eine Besonderheit der Romantiker, die teilweise etwas bizarr anmutet. Denn unter ihnen herrschte ein wahrer Ruinenkult. Sie waren begeistert und fasziniert von allen mittelalterlichen Ruinen. Insofern reichte es aus, dass ein mittelalterlicher Bau nur noch in seinen Resten da lag, um seine Ausstrahlung und seinen Reiz für die Romantiker zu erhöhen. In der Tat entwickelte sich aus dieser Vorliebe und Begeisterung die Mode, künstliche mittelalterliche Ruinen einer Burg oder anderer Gemäuer zu bauen. Der Bau dieser scheinbar uralten Überreste aus einem alten Zeitalter wurde zu einer Mode überall in Europa. Vielleicht mag dieser verklärte Zauber, den die geschaffenen brüchigen Überreste in einem romantischen Seelenleben hervorriefen, mit einer gewissen Schwermütigkeit der Gegenwart gegenüber zusammenhängen, mit dem Wunsch aus seiner eigenen Zeit herauszutreten. Auf jeden Fall sollte es auch die Tiefe der eigenen geschichtlichen Existenz verdeutlichen. Niemand wird in eine unstrukturierte, geschichtslose Welt geboren, sondern jeder Mensch ist auch Teil einer mehr oder minder größeren Geschichte, ist Teil von Strukturen, die schon lange vor ihm existierten und noch lange nach ihm existieren werden. Macht man sich als Leserin oder Leser zu einer Wanderung durch Mittelerde auf, stößt man immer wieder auf Ruinen, ja man könnte salopp formulieren, dass man dort keinen Schritt tun kann, ohne sich nicht den Fuß an einen geschichtsträchtigen Stein zu stoßen, der von längst vergangenen Erlebnissen zu berichten weiß. Überhaupt sind Ruinen in Mittelerde alte Relikte, die in einer überwiegend oralen, auf mündliche Überlieferung basierenden Kultur als Zeugen und mitunter

Sprachrohr für die Überlieferungen der jeweiligen Völker gelten. So wird z.B. schon zu Beginn des *Herrn der Ringe* in der Darstellung der Ordnung des Auenlandes auf die historische Tiefe und ihre Bedeutung verwiesen.

> »Natürlich hielten sie [die Hobbits, O.D.B.] auch an der alten Überlieferung fest in ihrem Verhältnis zu dem hohen König in Fornost, oder Norburg, wie sie es nannten, nördlich vom Auenland. Aber es hatte seit fast tausend Jahren keinen König mehr gegeben, und sogar die Ruinen von Königsnorburg waren von Gras überwuchert. Und doch sagten die Hobbits immer noch von ungesitteten Leuten und boshaften Geschöpfen (etwa von Trollen), sie hätten wohl nichts vom König gehört. Denn alle ihre wesentlichen Gesetze führten sie auf den König von ehedem zurück; und gewöhnlich befolgten sie die Gesetze aus freien Stücken, weil es Die Regeln waren (wie sie sagten), seit alters her und gerecht.«[40]

Die Romantik ist nun ursächlich mit Religion verbunden, da die Auffassung von einer romantischen Kultur auch und gerade durch die Verbindung der modernen europäischen Kultur mit dem Christentum entstanden ist. Die romantische Strömung hatte eine hohe Neigung zum Christentum, allerdings gänzlich anders, wie man oberflächlich denken könnte. Denn romantisch ist nicht automatisch gleichzusetzen mit christlich oder religiös. Es ging zum einen um die Wiederbelebung der christlichen Mystik, und hier ist beson-

[40] Tolkien, J.R.R. (1981): Der Herr der Ringe. Bd. 1, S. 24

ders Novalis, jener feinsinniger Dichter und Denker zu nennen, der diese Wiederentdeckung vorantrieb. Das Romantische verstand sich als eine tiefe Sehnsucht nach dem „Danach“, der Erinnerung oder Ahnung, was denn nach dem Ende, nach der Auslöschung warten möge.
Novalis Auseinandersetzung mit dem Jenseits war jedoch nicht eine Flucht vor der Realität, sondern der Versuch, die Wirklichkeit zu erweitern und umfassender wahrnehmen zu können. Der Mensch galt ihm als potentieller Schöpfer, der sich zunächst auf den Weg nach innen begibt zu seinem eigenen Selbst und von dort aus Kraft seines Selbst die Schaffung einer Welt anstrebt. Der ausgebildete Mensch ist ihm nach poetisch, so dass die Schaffung einer Welt nichts anderes bedeutet als zu poetisieren, was wiederum gleichzusetzen ist mit Romantisieren. Aber diese poetische Tätigkeit ist für ihn nicht nur moralisch, sondern sie ist in seinen Augen religiös und zwar in einem mythischen Verständnis. In dieser Poesie mögen Schein und Wirklichkeit, Diesseits und Jenseits, Realität und Idealität in einem getrennten Zustand nicht mehr existieren, sie sind aufgehoben in einem Dritten, in der ursprünglichen Einheit der Dinge und des menschlichen Geistes.
Genau so könnte man auch Tolkiens Einstellung zur Religion und zum »Poetisieren« beschreiben. Bekanntlich war Tolkien tief verwurzelt im christlichen Glauben. Und dieser Einfluss ist in seinem Mittelerde-Zyklus, wenn man ihn so nennen kann, deutlich sichtbar. Er selbst betonte immer wieder an unterschiedlichen Stellen, dass *Der Herr der Ringe* ein von Grund auf religiöses Werk sei. Zwar trifft man dort nichts, was direkt auf etwas wie »Religion« hinweisen könn-

te, wie z.B. religiöse Riten oder Bräuche. Aber »das religiöse Element ist in die Geschichte und ihre Symbolik eingelassen.«[41], wie Tolkien selbst betont. So spiegeln sich beispielsweise der religiöse Glaube an die Erbsünde, die christliche Thematik des Todes oder das alttestamentarische Motiv des gefallenen Engels in Mittelerde wider und zudem eine Vielzahl von biblischen Anspielungen und Hinweisen. Darüber hinaus darf man natürlich nicht die Vielzahl von keltischen, germanischen oder isländischen bzw. finnischen Einflüssen hinsichtlich der Mythologie oder der religiösen Gebräuche übersehen, die Tolkien ausführlich verarbeitet hat. Auch in diesen alten Kulturen gab es unterschiedliche Vorstellungen vom Leben nach dem Tod oder besondere Moral- und Glaubensüberzeugungen. Dergestalt poetisierte Tolkien nun mit der Erschaffung einer neuen Welt, was wiederum nach Novalis dem Romantisieren gleichkommt.

Häufig traf man eine ambivalente Haltung gegenüber Religion im Allgemeinen innerhalb gewisser romantischer Strömungen an. Dies war nicht außergewöhnlich. In der Tat ist nichts trügerischer als die oft vorzufindende Haltung, dass Romantiker, die sich dem Christentum zuwandten, aufhörten, echte Romantiker zu sein. Ganz im Gegenteil waren diese Frömmigkeit oder umgekehrt auch der Nihilismus ganz unterschiedliche Möglichkeiten, die in der Romantik tief verborgen lagen. Ziel der Hinwendung zum Mittelalter, zu alten Mythen und Liedern und zum christlichen Glauben war der Versuch, hieraus eine neue Mythologie zu entwerfen. Es war zunächst ein mystisch idealistischer Weg nach innen zur Selbsterkenntnis und anschließend der Weg

[41] Zit. nach Shippey, Tom (2002): J.R.R. Tolkien. S. 225

zurück in die mythisch geprägte Vergangenheit. Beide Wege sind gleichermaßen aufschließende Wege zum Ursprung, zu den Wurzeln. So betonte Novalis in einem seiner Fragmente mit dem Titel »Blüthenstaub«: »Wir träumen von Reisen durch das Weltall: ist denn das Weltall nicht in uns? Die Tiefen unseres Geistes kennen wir nicht. - Nach Innen geht der geheimnisvolle Weg. In uns, oder nirgends ist die Ewigkeit mit ihren Welten, die Vergangenheit und Zukunft. Die Außenwelt ist die Schattenwelt, sie wirft ihren Schatten in das Lichtreich. Jetzt scheint es uns freylich innerlich so dunkel, einsam, gestaltlos, aber wie ganz anders wird es uns dünken, wenn diese Verfinsterung vorbey, und der Schattenkörper hinweggerückt ist.« Novalis war es auch, der den Mythos von der »Blauen Blume« entwarf, jenes Symbol der Romantik, das bis heute unverwelkt geblieben ist. Die wesentliche Denkart war die Verbindung antiker Mythen und Legenden mit der romantischen Phantasie. Jenes findet man in vielen Bereichen, auch in der bildenden Kunst. Dies zeigt sich beispielsweise anhand des Titelbildes der alten Ausgabe dieses Buches aus dem Jahre 2003. Das Bild mit dem Titel »Der große rote Drache und die Frau, mit der Sonne bekleidet« (um 1805/10) stammt von William Blake, einem englischen Maler, Illustrator und Dichter der Romantik.

Dieses Bild entspringt Blakes mystischer Weltauffassung, es verbindet mythische und religiöse Motive mit romantischer Phantasie; ähnlich wie es Tolkien in seinem literarischen Werk gemacht hat.

Mythos und Märchen

Tolkiens Werk steht in vielerlei Hinsicht in Verbindung zu dem Begriff Mythos. Als Schöpfer einer sekundären Welt griff er auf mannigfache Mythen, Legenden und Sagen zurück, um eine völlig eigene Welt, eine höchst selbständige Mythologie zu erschaffen. Dies war einer seiner Beweggründe für die Schöpfung Mittelerdes. Er wollte seinem Land England diese Mythologie widmen, weil ihn die Kärglichkeit an heimischen, auf eigenem Boden spielenden und in eigener Sprache verfassten Geschichten schmerzte. Zudem lässt sich sein Werk am besten verstehen, wenn man es als eine Mythologie, eine zusammenhängende Sammlung von Mythen einer Kultur begreift.

Aber auch das Märchen spielte bei Tolkien eine zentrale Rolle, was nicht nur ein bekannter Aufsatz über Märchen bezeugt, sondern auch das Buch *Der Hobbit* selbst belegt, welches ja zunächst als ein Märchen- bzw. Kinderbuch konzipiert war. Anfänglich folgt es in seinem Ablauf den traditionellen Aspekten eines Märchens. Häufig steht dort am Anfang die abenteuerliche Reise eines Helden, an deren Ende eine Kostbarkeit oder Tugend gewonnen wird. Und der sieghafte Held ist meist ein einzelner besonderer Mensch, so wie Bilbo ihn als Hobbit darstellt. Der Held betritt auf seiner Heldenfahrt das Land von Gegnern, Feinden oder Dämonen, die sich ihm in den Weg stellen und die er häufig nur mit Hilfe von Freunden oder Fremden besiegen kann. Diese kurze Beschreibung eines charakteristischen Märchenhelden verdeutlicht, dass Bilbo viele Beziehungen zu einem Märchenhelden aufweist. Dennoch beinhalten *Der Hobbit* im Allgemeinen und Bilbo als Held im Besonderen einiges mehr als reine Märchenaspekte, denn sie sollen den Weg in die Welt und in die Köpfe der Menschen für Tolkiens Mythologie ebnen.

Es war die phantastische Ordnung des *Silmarillions*, die Tolkien half, auch einfachere, übersichtlichere Geschichten zu erfinden. Zunächst war *Der Hobbit* nur eine abwechslungsreiche Erzählung unter anderen, die er austüftelte. Später erst bemerkte er, dass diese Geschichte eine grundlegende und entscheidende Rolle in seinem Mythologiekonzept spielen konnte und sollte, denn sie konnte quasi als Bindeglied fungieren. Tatsächlich sind die Hobbits als Rasse zunächst eine dem *Silmarillion* und Mittelerde fremde Art und tauchen erstmalig in *Der Hobbit* auf, wobei dann im *Herrn der Ringe* die Genealogie und Geschichte ihres Volkes nachgereicht wird.[42]

Das, was Tolkien mit dem *Silmarillion* und dem *Herrn der Ringe* vorgelegt hat, ist auch ein offenbares Zeichen für sein romantisches Denken. Denn typisch ist hier ein Mythensynkretismus, d.h. das Verschmelzen verschiedenartiger Mythen zu etwas Neuem, das über die bisherigen Kulturbegriffe hinausgeht, in denen die Mythen bisher verankert waren. Tolkien verschmilzt die unterschiedlichsten mythischen und sagenhaften Motive miteinander. Er bediente sich der Edda, einer altnordischen Lieder- und Textsammlung, Mythen und Märchen aus dem keltischen und germanischen Kulturraum bis hin zu Erzählungen und Motiven, die aus dem Osten Europas stammen. Zudem flossen noch christliche The-

[42] Vgl. zu diesen Punkten z.B. ausführlich Bidlo, Oliver (2012): Mythos Mittelerde. S. 17-30 und 88 ff.

men ein, sei es die mittelalterliche Zahlenmythologie, der Verweis auf die vierzehn Nothelfer oder die Anspielung auf einige biblische Stellen. Die besondere Leistung Tolkiens liegt vor allen Dingen darin, dass er fast alles mit einem mehrfachen Bezug belegte. So spielt er z.B. auf die biblische Apokalypse an, aber zugleich auf die germanische *Ragna rök*, die germanische Götterdämmerung, die den Untergang der Götter und der Welt beschreibt. Auch seine Verwendung von Zahlen folgt diesem Beispiel. Tolkien hat nämlich an einigen Stellen Zahlen genutzt, um Personen oder Situationen zusätzlich mit Bedeutung zu unterlegen. Auch hier gibt es zumeist einen germanischen oder keltischen und einen christlichen Bezug.[43]

Ein Ziel der romantischen Bewegung war es, eine neue Mythologie zu entwerfen, sie sehnte sich nach der Denkart der alten Lieder und Mythen. Diese neumythopoetischen Schöpfungskonzeptionen standen zur Zeit der Romantik auch in Opposition zu den zeitgenössischen abstrakt konstruierten Gotteskonzeptionen der Philosophie. Sie waren in erster Linie poetische Modelle, sprachkünstlerisch gestaltete und anschaulich nachvollziehbare Variationen von Gottesvorstellungen, die sich nicht unbedingt als Gegenentwurf zu einer Theologie oder einer Religionsphilosophie verstanden, so wie es auch bei Tolkiens Entwurf deutlich wird. Ihr Selbstverständnis liegt in der frühromantischen Forderung nach einer »Neuen Mythologie« und einer »Neuen Religion«. Die Nähe des *Silmarillions*, dem Schöpfungsmythos

---

[43] Wer mehr über die Zahlenmythologie im *Herrn der Ringe* oder im *Hobbit* erfahren möchte, den verweise ich in aller Bescheidenheit auf mein Buch (2012) *Mythos Mittelerde. Über Hobbits, Helden und Geschichte in Tolkiens Welt.*

von Mittelerde, zu diesem Punkt ist unverkennbar. »Die romantische Mythologie ist hier der literarische und epochale Ort, der als Fokus religiösmetaphorischer und poetischer Neuorientierung dient: unzensiert können hier mehr oder weniger häretische, mythopoetische Gottesvorstellungen entwickelt werden.«[44] So ist es verständlich, dass die Romantiker anfingen, Volksmärchen und -lieder, Mythen und Götterdichtungen aus heidnischer Zeit zu sammeln und neu zu entdecken. In der Romantik wurden dann auch Märchen erstmals als eine literarische Gattung anerkannt. Mehr noch, das Märchen wurde zum literarischen Ideal der Romantik. Es gestattete dem Dichter und Schöpfer, der Wirklichkeit Gegenwelten gegenüberzustellen, in die man sich zurückziehen konnte und sich mit Gleichgesinnten traf. In der Form des Märchens konnte man die Grenzen der realen Welt überschreiten, hier mischte sich Reales und Irreales zu einer neuen Form. Besonders in der Hochromantik (Beginn des 19. Jahrhunderts) liegt der Schwerpunkt des romantischen Denkens und Arbeitens im Bereich des Historischen, Mythologischen und der Sammlung und Auseinandersetzung mit Märchen. Die Spätromantik, die ab den zwanziger Jahren des 19. Jahrhunderts begann, setzt sich dann verstärkt mit der Religion und der menschlichen Psyche auseinander und bildete diese Themen in Romanen, Volks- und Kunstmärchen ab.

In allen romantischen Mythopoesen ist nun die Natur im pantheistischen Sinne Ausdruck wirkender göttlicher Kräfte, ähnlich wie auch bei Tolkien. Die Natur gilt als Mutter aller Dinge, die den Menschen mit Geist beseelt. Die Natur

[44] Lösch, Walburga (1996): Der werdende Gott. S. 10

klagt, dass sie durch den untersuchenden, trennenden Verstand des Menschen aus ihrer Ordnung gerissen wurde. Und sie klagt weiterhin über das menschliche Streben und seine Begierde, selbst Schöpfer werden zu wollen. Zwar dürfe der Mensch jene Begierde haben, allerdings nicht, indem er sich die Natur zerstörend unterwerfe, sondern indem er mit und in der Natur, als Teil von ihr lebe und sich auf den Weg mache, Gott und Natur als eine ihn umschließende Geschichte zu begreifen. Denn der Mensch kann die Natur nur dann verstehen, wenn er sie innerlich reproduziert und sie selbst mit entwirft. Nur jener kann die Natur begreifen, der sie innerlich erzeugt, der sie in sich entstehen lässt. Allerdings nicht, um sich selbst als göttlich über die Natur zu erheben, sondern um sich als gleichberechtigt neben andere beseelte Wesen zu stellen, zu der alle Erscheinungen der Natur gehören.[45] Schon seit der Antike kannte man den Mythos eines goldenen Zeitalters, mit dem verglichen die je eigene Gegenwart als eine Zeit des Verfalls und des Übels bestimmt werden musste. Und die Denker und Künstler des 18. Jahrhunderts dachten diesen Gedanken erneut. Zwar war ihnen bewusst, dass es einen Idealzustand von der Einheit von Mensch und Natur wohl nie gegeben habe, dennoch galt diese Einheit als erstrebenswertes Ideal. Die Vorstellung einer solchen Zeit galt ihnen als Grundlage für die Beurteilung der eigenen Epoche. Insofern hatte der Mythos eines goldenen Zeitalters, d.h. die Überzeugung einer ursprünglichen Einheit von Natur und Mensch, nicht die Funktion einer naiven und idealisierten Vergegenwärtigung, sondern vielmehr die Aufgabe einer differenzierten Betrach-

[45] Vgl. ebd. S. 158

tung und Erfassung der eigenen Gegenwart. Hieraus erklärt sich auch die umfangreiche Naturlyrik in der Romantik. Und auch hierin spiegelt sich, und das ist unschwer zu erkennen, die zunehmende Skepsis im 18. Jahrhundert gegen das Voranschreiten der Aufklärung und der Naturbeherrschung wider. Diese Naturlyrik reflektiert eine frühe Form eines ökologischen Bewusstseins mit einer Auflehnung gegen die klassizistisch-rationalistischen Glaubenssätze.

Die zunehmende Entfernung des Menschen von der Natur und damit der Verlust eines Verständnisses für natürliche Abläufe führte zu einer Entfremdung von der eigenen Lebensgrundlage. Mehr und mehr sah man sich den Naturgewalten ausgesetzt und zunehmend wurde die Natur vom Partner zum Gegenspieler des Menschen. Lebte man vormals mit der Natur und ihren Erträgen, suchte man nun, Macht über sie zu bekommen und auszuüben, sie auszubeuten und dem Menschen zu unterwerfen. Aus einer zuvor »partnerschaftlichen« Beziehung zur Natur wurde nun eine Herrschaft über sie. »Mit der Furcht vor der Natur nahm das rationale Weltbild dem Menschen auch die vertraute Beziehung zu ihr; die hinzugewonnene Macht über sie bezahlte er mit einer Entseelung der Welt. Die Welt verliert an Sinn, obwohl sie immer eingehender erklärt wird.«[46]

Und hier trifft der Mythos auch auf das Märchen. Denn im Märchen trifft man auf ungeahnte Tiefenschichten der menschlichen Seele, die in offensichtlicher Verbindung mit der Naturseele zu stehen scheint. Gerade die Form des Märchens war für die romantische Phantasie eine besondere Gestalt, um die eigenen Gedanken fließen zu lassen. Dort

---

[46] Wischer, Erika (Hrsg., 1988): Propyläen Geschichte der Literatur. S. 90

konnten sich ihre Gedanken, ihre Phantasie ungehindert entfalten, da man sich hier nicht um eine Rechtfertigung oder um Wahrscheinlichkeiten kümmern musste. Hier konnte man ungehindert in das Reich des Wunderbaren eindringen, um so ein tieferes Verständnis für die Welt und ihr Innerstes zu erlangen. Es ist ein Irrtum, wenn man in diesem Zusammenhang glaubt, dass solcherart romantische Märchen nur naive Harmonie darstellten, denn auch das Schreckliche und das Grausame besaßen dort ihren Platz. Man denke nur einmal an die Grimmsche Märchensammlung, in der Grausamkeiten in Fülle zu finden sind. Die deutsche Frühromantik entdeckte in den Mythen und Märchen Spuren einer Zeit des ursprünglichen Naturzustandes, in der die Dinge und die Kreaturen eine Sprache hatten. Der Weltzustand, wie er im Märchen dargelegt wurde, war ein Zustand umfassender Kommunikation der Kreaturen und Dinge. Für Novalis war die Geschichte der Welt in diesem Sinne auch ein Verlust an Bestimmtheit und Verständnis der Sprache der Natur. Ihm galt, stellvertretend für viele, die Besinnung auf einen Urzustand als wesentlich, in dem der Mensch und die Natur durch eine Sprache verbunden waren. Und die Erzeugung der Ahnung von der Wiedererlangung eines solchen Zustandes war ihm Gehalt und Form aller Dichtung und Poesie. Allerdings verfielen der Mythos und die Idee von einem goldenen Zeitalter nach und nach innerhalb der Zeit der europäischen Romantik und verwandelten sich zunehmend in der englischen und französischen Romantik zu einer Idee des künstlichen Paradieses.

Dennoch lassen sich dergestalt die oben genannten Punkte unschwer auch in Tolkiens Denken und seinen Werken ent-

decken. Bei ihm spricht die Natur mit einer Sprache, wie bereits oben beschrieben, sie hat sogar eigene Hüter, Hirten und Fürsprecher, wie die Ents, Goldbeere, Tom Bombadil – wobei die beiden Letztgenannten vielleicht sogar sprachgewordene Natur sind – oder im weitesten Sinne auch den Zauberer Radagast, die sich alle um die Belange der Natur kümmern. Und die positiv konnotierten Charaktere sind dann auch jene, die in besonderem Einklang mit der Natur leben oder ein besonderes Verständnis für ihre Funktionsweise haben, wie z.B. die agrarisch geprägten Hobbits im Allgemeinen, hier im Besonderen Sam der Gärtner, aber auch Aragorn und die Waldläufer oder Gandalf. Im Gegensatz dazu sind dann offensichtlich alle Naturzerstörer negativ betont, wie die Orks oder Saruman und natürlich anschaulich die Lande von Sauron, nämlich Mordor mit seiner zerstörten Natur und der verpesteten Luft.
Der Mythos setzt nun eine mystische Gemeinschaft voraus, und wenn nicht sie, so jedenfalls die Ganzheit von Welt und Ich im Bewusstsein des Ich. Beides jedoch begann, sich im Zug der Zeit aufzulösen. Denn die neuen Wissenschaften erweiterten die Welt für den durchschauenden Willen ins Grenzenlose. Der Einzelne sah sich mehr und mehr bedroht von Isolation, Zerstreuung, Entwurzelung und Entmythologisierung.[47] Nun, Mythologie ist ein Medium für all solche Dinge, die jenseits aller plastischen Begriffe liegen, sie ist folglich im weitesten Sinne ein bildlicher Ausdruck der Dinge, die anders nicht oder kaum fassbar sind. Aus diesem Grunde müssen auch die Sprache des Mythos und die Sprache des Logos auseinandergehalten werden. Denn mit ein-

[47] Vgl. Ruprecht, Erich (1986): Geist und Denkart der romantischen Bewegung. S. 71 ff.

facher deduktiver Logik lässt sich der Mythos nicht verstehen. Daher ist es ein Irrtum, alte Mythen allein aus unserem modernen Denken heraus verstehen zu wollen.
Ein Verständnis für den Mythos erschließt sich nur dem, der versucht, ihn vom Ursprung her und aus seinem Umfeld heraus zu verstehen. Der Mythos hat fast immer etwas mit der Vorzeit, der Schöpfung des Universums und der Erde zu tun. Infolgedessen besitzt der veranschaulichende Aspekt in den Mythen immer einen großen und wichtigen Anteil. Dergleichen zeigt sich ja auch im *Silmarillion*, das Tolkiens Schöpfungsmythos darstellt und die Entstehung der Götter, der Elben, Menschen und Zwerge darlegt und zugleich auch eine Erklärung darüber gibt, wie das Böse in Form von Melkor in die Welt gelangte. Die Romantik sah im Mythos etwas Bedeutungsvolles, sie entdeckte dort eine in der Vergangenheit und auch im Unbewussten der Menschen verankerte Realität, eine Art von besonderer Wahrheit, die in ihm verborgen lag. Auch spiegelte sich für sie in den alten Mythen eine Hoffnung und Sehnsucht für die Gegenwart und Zukunft wider.
Die gegensätzliche Sichtweise traf zur Zeit der Romantik und auch zu Tolkiens Zeit auf das sogenannte fortschrittliche Denken zu. Jenes sah den Mythos immer als etwas historisch Vergangenes an, als irreal, nicht relevant und unglaubwürdig. Der Glaube an und das Verständnis für den Mythos wurden abgelöst von der Rationalität und der Wissenschaft. In dieser Sicht war er nichts weiter als eine heidnische Glaubensüberlieferung, die letztlich für die heutige Zeit weder Bedeutung noch Nutzen in sich trägt. Nun verbinden sich im Sprachgebrauch der Gegenwart diese beiden

Auffassungen sehr anschaulich. Zum einen beinhaltet der Begriff etwas Irrationales, Fiktives, eine Wahnidee, einen Eskapismus und etwas geradezu Schädliches. Auf der anderen Seite werden auch jene Stimmen immer lauter, die betonen, dass unsere Zeit an einem Mythosmangel erkrankt sei. Man weist darauf hin, dass unabhängige kreative Kräfte kaum noch Entfaltungsmöglichkeiten haben, kaum noch Wege der Entäußerung finden. Demnach werden verschiedene Erscheinungen der phantastischen Literatur als eine nötige Wende zum Irrationalismus gepriesen. So spricht man hier von der Wiederkehr des Mythos in der modernen Literatur und meint damit einen Autor wie J.R.R. Tolkien. Denn gerade unsere heutigen Gesellschaften, in denen ein möglichst weites Voranschreiten von Entmythologisierung als Fortschritt betrachtet und gefeiert wird, hoffen insgeheim auf eine irrationale Gegenströmung. Sie soll dem modernen Denken bestimmte Wirklichkeitsaspekte zurück vermitteln, die ihm durch eine ausschließlich rationale Weltbetrachtung verlorengegangen sind und die im mythischen Denken noch wirksam waren.[48] Der Mythos fasst Entstehungsursachen und Begriffe zu einem einheitlichen Weltbild zusammen, so dass die Welt für die Menschen in früheren Kulturphasen verständnisvoll und einleuchtend wurde. Er beinhaltet grundsätzliche Menschheitsfragen wie beispielsweise die Entstehung der Welt, die Herkunft von Gut und Böse oder den Tod. Friedhelm Schneidewind betont in Bezug zum Mythos zurecht: „Die Kunst des Schreibens besteht zu einem nicht unerheblichen Teil darin, Ideen und Motive neu zu verbinden und darzustellen. [...] So gut wie

[48] Vgl. Röhrich, Lutz (1984). Märchen – Mythos – Sage. In: Siegmund, Wolfdietrich (Hrsg., 1984) S. 12 ff.

immer finden wir darin Topoi oder Motive aus älteren Mythen".[49]

Es sind also nicht nur die Geschichten von großen Helden, sondern gleichermaßen Geschichten von Treue, Tod, Verrat und Liebe, also von ganz menschlichen Dingen. In einer solchen frühen Kulturstufe diente der Mythos der Erklärung der Welt, da dem Einzelnen die Wirklichkeit nicht durchschaubar war. Quasi durch die Augen des Schöpfers beschaut der Mythos die Welt und erkundet die Schöpfung in symbolischer Art und Weise.

So steht in dieser Sichtweise noch nicht der Mensch im Mittelpunkt der Betrachtung, sondern er wird als ein Teil unter anderen Teilen gesehen. Er steht nicht in einer exklusiven Position außerhalb der restlichen Schöpfung, sondern vielmehr gleichberechtigt innerhalb der Schöpfung. Das Verhältnis von Realität und Mythos ist dann nicht so eindeutig, wie man zunächst denken mag. Zwar ist er keine detailgetreue Erzählung eines Ereignisses, gleichwohl ist er mehr als die Ansammlung kleinerer erzählter Geschichten, denn er ist gelebte und erlebte Realität mit einem eigenen Zugang zur Realität. In diesem Sinne waren es besonders die Romantiker, die in Opposition zur Verstandeskälte der Aufklärer und Rationalisten die Mythenforschung neu begründeten und vorantrieben.

> »Auf der Suche nach dem Geheimnis unserer Existenz bietet der Mythos Urbilder von starker Eindringlichkeit, Paradigmen menschlicher Existenz und menschlicher Erfahrung, deren Gültigkeit sich

[49] Schneidewind, Friedhelm (2008): Mythologie und phantastische Literatur. S. 9

> durch die Jahrtausende hindurch immer wieder neu bewiesen hat.«[50]

Es lässt sich nun abschließend und zusammenfassend zu den oben angeführten Aspekten festhalten, dass die Romantik einen großen Einfluss auf Tolkien und sein Denken hatte. Man findet unübersehbar und verdichtet eine Vielzahl von Einzelpunkten, die zusammengenommen ein Bild von Tolkien als einen romantischen Geist zeichnen. Die Romantiker wandten sich gegen ein reines Nützlichkeitsdenken und den Geist des seelenlosen Fortschritts, setzten der rationalen Logik eine gefühlsbetonte – wie auch immer geartete – mythische Welt der Religiosität entgegen. Aus diesem Grund strebte ihr Denken ins Mittelalter, das sie als eine idealisierte Epoche der Geschichte ansahen aufgrund der (vermeintlichen) Einigkeit der Menschen im christlichen Glauben. Die Romantik glaubte an die Macht der Intuition, an das Reich der Phantasie und des Traumes und ihre Ausbreitung in die dunklen und tiefen Bereiche der menschlichen Seele. Sie bevorzugte die in sich geschlossene Welt eines intakten Freundeskreises, schwärmte für die Schönheit und Freiheit und die Belebtheit der Natur. Die Romantiker waren von geistiger und physischer Wanderlust und Sehnsucht, von Weltschmerz und Wehmut über eine verlorengegangene Harmonie erfüllt. Sie erschufen Gegenwelten zur herkömmlichen Realität, in die sie sich zurückzogen. Es sind Welten der Poesie, aus der eine unerschöpfliche Kraft fließt und die die Welt zur Zeit des Mythos und des Mittelalters bestimmte, bevor sie dann von der vernunft-

---

[50] Petzoldt, Leander (1984): Die Geburt des Mythos aus dem Geist des Irrationalismus. In: Siegmund, Wolfdietrich (Hrsg., 1984) S. 147

begabten, modernen Welt mehr und mehr an den Rand verdrängt wurden. Vieles davon hat Tolkien in seinen Texten verwoben. Er transportiert gewiss keine einfache Allegorie durch den *Herrn der Ringe*, den *Hobbit* oder das *Silmarillion*, jedoch hat man das Gefühl, dass nach dem Lesen mehr von Mittelerde in einem zurückgeblieben ist als einfach nur gute Unterhaltung und die kurzweilige Abwesenheit aus der realen Umgebung.

Mittelerde als ein Entwurf romantischer Kreativität und Sehnsucht[51]

Die Begriffe *Kreativität* und *Sehnsucht* können und müssen als eine Matrix oder auch *Figuration* des romantischen Denkens – zu dem auch, das sollte bis hierher deutlich geworden sein, auch Tolkiens Denken zählt – gefasst werden. Eine solche *Matrix*, verstanden als das Schöpfen aus einer Sehnsucht heraus, finden wir bei Tolkien in seinem schriftstellerischen sowie zeichnerischen[52] Wirken. Die Welt *Mittelerde* kann als die geronnene Form dieses romantischen Prozesses bei Tolkien, der auf dem Zusammenspiel von Kreativität und Sehnsucht fußt, verstanden werden.

Neben der Sehnsucht ist es der Begriff der *Kreativität*, das Schöpfen aus dem eigenen Geist und das Entwerfen (Herauswerfen) des im Geiste kreierten, das die Romantik als Geisteshaltung kennzeichnet und dort eine hervorgehobene Rolle spielt. Betrachtet man beide Begriffe genauer, zeigt sich, dass sie in der Romantik eng zusammenhängen.[53] Die

---

[51] Bezieht sich in Teilen auf meinen Aufsatz „Mittelerde als ein Entwurf romantischer Kreativität und Sehnsucht", der 2011 im Hither Shore Band 7, 2010 („Tolkien und die Romantik"), S. 32-47, erschienen ist.

[52] Auf Tolkiens zeichnerisches Arbeiten und Wirken soll im weiteren Verlauf nur kurz eingegangen werden. Bei Interesse an diesem Thema verweise ich auf Hammond/Scull (2001): J.R.R. Tolkien. Der Künstler und auf meinen Aufsatz „Tolkien und der Jugendstil" in Bidlo/Eilmann/Weinreich (Hrsg.) (2011): Zwischen den Welten. S. 117-130

[53] Natürlich hängen sie nicht nur in der Romantik eng zusammen, sondern grundsätzlich. Aber in der Romantik wurde dieser Bezug ex-

Kreativität entspringt der Sehnsucht nach einem unvoreingenommen und sich frei entfaltenden Phantasieren. Die Phantasie, die in ihrer kreativen Ausgestaltung die Kunst der Zweitschöpfung hervorbringt, rückt Tolkien in seiner Arbeit, wie zuvor die Romantiker, in den Mittelpunkt.

> »Die Phantasie (in diesem Sinne, der das Phantasiegebilde mit einschließt) erscheint mir nicht als eines niedere, sondern als eine höhere Form der Kunst, ja, als diejenige Form, welche die Reinheit am nächsten kommt, und daher (wenn gelungen) die stärkste«.[54]

Es ist die Sehnsucht nach Zauberkraft, Magie und Drachen und der Wunsch, »diese Kräfte in der Welt außerhalb unseres Geistes zu gebrauchen«[55], die die Phantasie kreativ befeuert und zu neuen *Ausformungen*, neuen *Kreaturen* und einer Zweitschöpfung drängt. »Doch in einer solchen 'Phantasie', wie man dies nennt, wird neue Form geschaffen; das Feienwerk [sic] beginnt, und der Mensch wird zum Zweitschöpfer«[56]. In Tolkiens Idee der Schöpfung im Allgemeinen und der Ausgestaltung Mittelerdes im Besonderen drückt sich solcherart der romantische Prozess der Schöpfermacht und die Sehnsucht nach der Ausgestaltung einer der Phantasie entspringenden Welt aus. Im romantischen Denken wollte der Dichter gerade nicht die Wirklichkeit abbilden oder wiedergeben, sondern durch seine eigene

plizit thematisiert und gelebt.

[54] Tolkien, J.R.R. (1982): Baum und Blatt. S. 50

[55] Ebd. 29

[56] Ebd. 29

Kreativität – durch seine Schöpferkraft –, angetrieben durch eine nach innen gerichtete Sehnsucht, eine neue Welt hervorbringen. Eine solche neu entworfene Welt steht in Opposition zur rationalistisch ausgestalteten Wirklichkeit, wie man sie zu Zeiten der Romantik überwinden wollte und die auch Tolkien kritisiert hat.

Der Bedeutungsgehalt des Neuen und Schöpferischen findet sich nun auch im englischen Begriff der Kreativität, *creativity*, der die Fähigkeit, Neues zu schaffen, beschreibt. Dabei zeigt sich im Zusammenhang zu Tolkien, dass es – wie bisher verdeutlicht – nicht nur romantische Einzelaspekte innerhalb Mittelerdes gibt. Aber wichtiger als diese werkimmanente Sichtweise – obgleich ein Teil davon – ist das Wechselspiel zwischen Autor, Werk und Leser, aus dem heraus sich eine Welt bilden kann, die als Ergebnis eines romantischen Kreativitätsprozesses verstanden werden muss, der wiederum auf die romantische Grundhaltung des Autors zurückgeführt werden kann. Damit ist gemeint, dass der Autor nicht zwangsläufig romantische Einzelaspekte und -elemente bewusst innerhalb seiner Geschichte verankert haben muss, das hat Tolkien augenscheinlich getan. Es meint vielmehr, dass die Gesamtkonzeption Mittelerdes – lassen wir Mittelerde mit dem Schöpfungsmythos im Silmarillion beginnen – durch die erwähnte romantische Grundhaltung des Autors in ihrer Ausgestaltung Ergebnis eines romantischen Prozesses ist.

In der Romantik will der Dichter die Wirklichkeit nicht einfach imitieren, sondern sie durch seine eigene Kreativität neu erschaffen. Zugleich herrschte das Bewusstsein vor, dass der kreative Prozess der Schöpfung nie vollendet sein kann, sondern sich fortlaufend weiterschreibt. Wichtige Motive sind hier der Auszug und Aufbruch in die Ferne, die Suche nach unbekannten Seiten des eigenen Ichs, aber auch das Aufeinanderprallen verschiedener Wertvorstellungen, welches sich aus der Wanderung ins Neue und Unbekannte ergibt. Zudem gehören die Hinwendung zum Wunderbaren und die Sehnsucht nach dem Geheimnis zu diesen Aspekten. Kreativität und Sehnsucht finden dann ihren Ausdruck und kulminieren zugleich in dem Begriff des Aufbruchs und damit des Reisens, der die o.g. Aspekte einschließt. Das Reisemotiv »auf zu neuen Ufern« beinhaltet beides: die Sehnsucht und die Kreativität als Haltung der Möglichkeit Neues auf sich wirken zu lassen und dadurch selbst eine Veränderung des eigenen Ichs möglich zu machen. Man erfindet sich, man schöpft sich neu durch eine Reise. Das Wandermotiv ist damit ein weiteres Entgrenzungsmotiv der Romantik.

Frodos Auszug aus dem Auenland und sein Weg nach Mordor hat natürlich den Stil einer mittelalterlichen Queste. Aber die mittelalterliche Queste, die *Âventiure,* in der der Protagonist sich auf eine abenteuerliche Suche begibt, sich bewähren muss und dabei ein fast unerreichbares Ziel im Blick hat, diente nicht unerheblich dem romantischen Wandermotiv als Vorlage. Und ein wichtiger Unterschied ist, dass im romantischen Wandermotiv nicht ein Held oder Ritter ausziehen, um Ruhm und Ehre auf seiner Heldenreise zu erwerben, sondern oft ein einfacher Wanderer, der in die Fremde gezogen wird und sich auf eine oft aufgezwungene Wanderung begibt, ganz so, wie es Frodo und zuvor Bilbo getan haben. Das Neue – Erfahrungen, Wissen, Sichtweisen –, das während der Reise erworben wird, muss in die alten Vorstellungen integriert werden. Im romantischen Wandermotiv ist der Wanderer, der sich durch die unberührte Natur gleich einer Märchenwelt bewegt, zwischen Heim- und Fernweh hin und her gerissen, und während seiner Wanderung wird er häufig mit dem christlichen Mittelalter konfrontiert. Man benötigt nicht viel Phantasie, um dies auch als Folie des Hobbits und später des Herrn der Ringe zu verstehen. Auch hier gilt mein Hinweis: Nicht dieser Aspekt allein macht aus dem *Hobbit* oder dem *Herrn der Ringe* ein romantisches Buch. Aber er trägt als ein Einzelaspekt dazu bei, auf die romantische Grundhaltung Tolkiens rückzuschließen, die wiederum das daraus entstandene Werk als ein romantisches mit ausweist; und damit wiederum kann die Sehnsucht und leise Melancholie erklärt werden, die Teil Mittelerdes sind und die den Leser und die Leserin im Verlauf des Lesens mit *einwebt* und sie einen Teil dieser Sehnsucht werden lässt.

Wir erinnern uns: Die Sehnsucht steht in vielerlei Hinsicht in Verbindung zu Tolkiens Werk und seiner Biographie. Hinzu kommt, dass Tolkien zur Zeit der Neoromantik lebte, einer Zeit, in der das romantische Gedankengut wieder aufkam – die Betonung des Phantastischen, Märchenhaften und die Neigung zur Verwendung von Symbolen – und sich neu in Literatur und Kunst ausdrückte. Niederschlag findet dies auch in der Kunstrichtung des Jugendstils, die auch bei Tolkien ihren Eingang gefunden hat, z.B. in der Kunst der Elben, dem Schmuck oder mancher Architektur oder auch in Tolkiens eigener Kunst. An einem kurz besprochenen Bild-Beispiel möchte ich erläutern, wie auch die romantische Kunst gewisse Beschreibungen im Herrn der Ringe beeinflusst hat. Tolkiens ausdrucksstarke, bildhafte Sprache und Beschreibung wurden von vielen Künstlern und Malern als Inspirationsquelle aufgenommen. Die folgende Passage aus dem Herrn der Ringe wurde z.B. von Tad Nasmith in seinem Bild *Riders at the Ford* – das sicherlich viele kennen – nach dieser Beschreibung gemalt:

> »In diesem Augenblick erhob sich ein Brausen und Tosen: ein Rauschen von lauten Wassern, die viele Steine mit sich reißen. Undeutlich sah Frodo, wie der Fluß unter ihm stieg und eine ganze Reiterschar von Wellen das Flußbett herunterkam. Weiße Flammen schienen auf ihren Kämmen zu flackern, und halb bildete sich Frodo ein, inmitten des Wassers weiße Reiter auf weißen Pferden mit schäumenden Mähnen zu erkennen.«[57]

Nimmt man die Beschreibungen von Tolkien und das dazu gemalte Bild von Nasmith, kommt man schnell überein, dass das Bild eine nahe am Text erstellte visuelle Umsetzung ist. Man denke z.B. auch an die filmische Umsetzung. Nun liegt dieser Passage – und damit unweigerlich auch dem Bild von Nasmith – ein anderes Bild zugrunde, das Tolkien bewusst oder unbewusst als Vorlage für diese bildhafte Beschreibung genutzt hat. Das Bild, von dem ich spreche, nennt sich »Die Rosse des Neptun« oder auch »Die Pferde Neptuns« und stammt von Walter Crane. Und Walter Crane wiederum war zusammen mit William Morris und Dante

[57] Tolkien, J.R.R. (1981): Der Herr der Ringe. Bd. 1, S. 263

Gabriel Rossetti einer der wichtigsten Mitglieder der Arts and Crafts Bewegung, die Wegbereiter des Jungendstils war und romantische Ideen aufnahm.

Von einigen wurde Morris sogar als der wahre Vater, zumindest aber als Wegbereiter des Art nouveau bzw. des Jugendstils angesehen. Und hinsichtlich des Einflusses von William Morris auf den Herrn der Ringe bzw. einzelner Szenen äußerte sich Tolkien einmal in einem Brief an Professor L.W. Forster vom 31. Dezember 1960 wie folgt:

> »Der Herr der Ringe wurde eigentlich, als eine Sache für sich, um 1937 angefangen und war schon bis zum Gasthaus in Bree gekommen, bevor der Schatten des zweiten Krieges fiel. [...] Die Totensümpfe und die Zugänge zum Morannon haben etwas von Nordfrankreich nach der Schlacht an der Somme. Mehr aber haben sie von William Morris und seinen Hunnen und Römern, etwa in The

> House of the Wolfing oder The Roots of the Mountains.«[58]

Tolkien entspringt damit einem kulturellen und gesellschaftlichen Zeitgeist, der – über die Arts and Crafts Bewegung, die Neoromantik und den Jugendstil – romantisch geprägt war, ihn beeinflusst und geprägt und darüber Eingang in sein Werk gefunden hat.[59] Nicht zu vergessen ist, dass Tolkien selbst den Entwurf einer Geschichte, Situation oder Figur mit einer Zeichnung oder Skizze begann, von der aus er dann sprachlich weiterarbeitete. Das heißt, Malen, Illustrieren und Schreiben sind bei ihm eng miteinander verbunden, was sich auch an seinen Kartenkonzeptionen zeigt, die er entwarf.
Das Schreiben und Zeichnen stehen sich daher nicht als zwei Kunstformen gegenüber, sondern haben ein und denselben *Urgrund*, die Sehnsucht des Schöpfens und Schaffens. Bereits Carpenter weist in seiner Tolkienbiographie darauf hin, wie sich das Zeichnen und das Schreiben bei Tolkien gegenseitig beeinflussten und überschnitten:

> »Während der ersten Jahre seiner Studentenzeit pflegte Tolkien das Interesse aus seiner Kindheit am Malen und Zeichnen weiter und begann ein gewisses Geschick darin zu verraten, besonders in Landschaftsskizzen. Auch der Handschrift und Kalligraphie widmete er große Aufmerksamkeit, und viele Schreibstile wurden ihm geläufig. Dieses In-

[58] Tolkien, J.R.R. (1991): Briefe. S. 397
[59] Siehe hierzu besonders meinen Aufsatz „Tolkien und der Jugendstil“ in: Bidlo, Oliver, Eilmann, Julian, Weinreich, Frank (Hrsg., 2011).

> teresse war eine Vereinigung seiner Leidenschaft für Wörter mit seinem künstlerischen Blick, doch kam auch die Vielschichtigkeit seiner Persönlichkeit darin zum Ausdruck«[60]

Tolkiens Erzählungen sind auch von einer starken Bildhaftigkeit und Detailgenauigkeit in der Beschreibung gekennzeichnet. Nehmen wir Tom Bombadil als kurzes Beispiel für Tolkiens Art der bildhaften Beschreibung:

> »Jedenfalls war er zu dick und schwer für einen Hobbit, wenn auch nicht eigentlich lang genug für einen von den Großen Leuten, obschon er Lärm genug für einen machte, wie er so in hohen gelben Stiefeln auf seinen dicken Beinen angestapft kam und durch Gras und Schilf stürmte wie eine Kuh, die zur Tränke geht. Er hatte einen blauen Mantel und einen langen braunen Bart; seine Augen waren blau und strahlend und sein Gesicht rot wie ein reifer Apfel, aber zerknittert von hundert Lachfalten. In den Händen trug er auf einem großen Blatt wie auf einem Tablett ein kleines Häufchen weißer Wasserlilien.«[61]

In dieser kurzen schriftlichen Skizze ist eine komplette Beschreibung von Tom Bombadil, seines Aussehens, seines Charakter bzw. Gemüts enthalten. Er wird von Gewicht und Größe in Relation zu einem Hobbit und den Menschen gesetzt und seine Kleidung wird beschrieben. Zugleich wer-

[60] Carpenter, Humphrey (1979), S. 79
[61] Tolkien, J.R.R. (1981), S. 153

den seine strahlenden blauen Augen und sein Gesicht mit den hundert Lachfalten hervorgehoben, die ihn als eine lebensfrohe und freundliche Person ausweisen. Es wirkt beinahe so, als würde Tolkien mit diesen wenigen Worten ein Bild von Tom Bombadil beschreiben, das ihm vorliegt.

Aber auch der durchgängige Bezug zur Natur tritt hervor: Er kam durch Gras und Schilf, stürmte wie eine Kuh, sein Gesicht war rot wie ein reifer Apfel, er trägt ein großes Blatt mit einem Häufchen weißer Wasserlilien darauf. Nicht umsonst wird Tom Bombadil oft als eine Art Naturgottheit in Mittelerde gesehen, ist vielleicht selbst wortgewordene Natur. Tom wird nicht nur mit starken Naturfarben beschrieben, sondern eben auch aus der Natur kommend und als die Natur mit sich bringend dargestellt. Tom Bombadil ist – in den Worten Goldbeeres – »der Meister von Wald, Wasser und Berg.«[62] So mag die bildhafte Sprache und Beschreibung Tolkiens auch einer der Gründe sein, warum so viele Künstler und Maler sich gern von Tolkien und seinen Geschichten inspirieren lassen. Das Buch »Tolkiens World. Paintings of Middle-earth« (1994) bietet dafür einen guten Einblick und zeigt zugleich die unterschiedlichen Deutungsmöglichkeiten der Texte und ihre bildhafte Umsetzung in Stil und Form.

Kehren wir zur Romantik und ihrem Einfluss auf Tolkien und sein Wirken zurück.

Die folgende Skizze unterstreicht die epochale Einflussnahme der Romantik auf Tolkien und Geistesströmungen seiner Zeit:

---

[62] Tolkien, J.R.R. (1981), 158

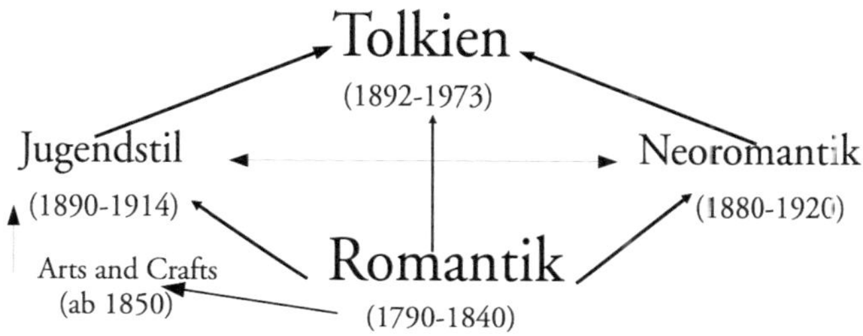

Abbildung 1: Unmittelbarer und mittelbarer Einfluss der Romantik auf Tolkien.

Tolkiens Zeichnungen sind daher nicht nur Fingerübung, sondern haben in gewisser Hinsicht einen Platz in seiner Arbeitsmethode für die Erstellung seiner Geschichten. Und sie sind ein weiteres Ausdrucksmittel, eine weitere Sprache unter den vielen anderen Sprachen, die Tolkien beherrschte. Seine Bilder sind Teil des Kreationsprozesses, aus dem heraus Mittelerde und die anderen Geschichten, die Tolkien hervorbrachte, *entworfen* wurden und zu Artefakten gerinnen. Und dieser Gerinnungsprozess endet nicht mit Tolkiens letztem Federstrich, sondern wird durch die Rezeption seines Werkes immer wieder von Neuem lebendig und erhält eine neue Ausgestaltung. Damit ist zum Beispiel die Verfilmung des *Herrn der Ringe* gemeint, Spiele auf Basis seiner Erzählungen, die von Flüchtigkeit geprägten Live-Rollenspiele, die auf Mittelerde rekurrieren, oder die unterschiedliche Fan-Fiktion, die – unabhängig von ihrer Qualität – Tolkiens Werk immer wieder in neue Formationen bringt, die die Sehnsucht nach Mittelerde neu entfachen oder am Leben halten. Und Tolkiens Werke sind meines Erachtens auch deshalb so erfolgreich, weil sie eine gewisse

Unbestimmtheit in sich tragen und Raum für den Leser und die Leserin und ihre Phantasie und Vorstellung lassen. Und diese Vorstellungen, die durch Tolkiens Werk *bewirkt* werden, werden und sind – aus einer rezeptionsästhetischen Sichtweise – dann selbst Teil des Werkes. Und neben den Interpretationen, was die Erzählung möglicherweise bedeutet, zeigt Tolkien selbst auf, dass es eine weitere Ebene gewisser Texte – hier Märchen – gibt.

> »[D]ann bleibt immer noch eines, das allzuoft vergessen wird, nämlich die Wirkung, die diese alten Stoffe in den Geschichten, so wie sie sind, jetzt hervorrufen. [...D]er wichtigste Eindruck aber, den diese Erzählung in meiner Erinnerung hinterlassen hat, war nicht der des Schönen oder Grauenhaften, sondern der Anhauch einer Ferne, eines tiefen Zeitenabgrundes.«[63]

Tolkien weist hier schon – ohne sie beim Namen zu nennen – auf die Sehnsucht hin, die letztlich im Zentrum der menschlichen Kreativität in Form des Menschen als Zweitschöpfers[64] steht. Denn die Sehnsucht ist ein bewundernswertes, aber auch melancholisches und schmerzhaftes Streben, das in vielfältiger Art und Weise das tiefe Wesen des Herrn der Ringe und der Welt Mittelerde offenlegt. Und Sehnsucht nimmt einen bedeutungsvollen Rang in Tolkiens Denken über die Bedeutung menschlicher, schöpferischer Kunst ein. Über Ausflüge in seiner Kindheit in das Reich der Phantasie und der Märchenwelt schreibt er selbst:

[63] Tolkien, J.R.R. (1982), S. 36
[64] Vgl. ebd. S. 41

»Aber ich kann mich nicht daran erinnern, daß meine Freude an einer Geschichte jemals von dem Glauben abhängig gewesen wäre, daß dergleichen im 'wirklichen Leben' geschehen könne oder geschehen sei. Offensichtlich ging es in den Märchen nicht in erster Linie um das Mögliche, sondern um das Erwünschte. Wenn sie das Verlangen [Hervorhebung im Original] weckten und es befriedigten, nachdem sie es oft bis zur Unerträglichkeit angestachelt hatten, waren sie gelungen. [...] Phantasie, das Erschaffen oder Erspähen anderer Welten, war das Herzstück des Verlangens nach dem Elbenreich. Ich verlangte nach den Drachen mit einer tiefen Sehnsucht.«[65]

Betrachten wir in diesem Zusammenhang kurz den Begriff der Kreativität. Er wurde nach dem lateinischen Wort creare gebildet. Dieses Wort tauchte ursprünglich fast ausschließlich in der Theologie auf. Die Fähigkeit, schöpfen und erschaffen zu können, sprach man nur dem Creator, dem Schöpfer-Gott zu. Aber die Menschen sind nach der Lehre des Alten Testaments auch ein Bild Gottes. So ist es verständlich, dass im christlichen Abendland die Nachahmung jener göttlichen Fähigkeit eine besondere Bedeutung gewann. Zunächst übertrug sich diese göttliche Tugend des Schöpferischen auf einen besonderen Menschentypus, auf das Genie oder eben besondere Menschen. Aber letztlich ist jedem Menschen der Schöpferdrang inhärent, der auf einer im Menschen verankerten Sehnsucht fußt. Wo findet man

[65] Tolkien, J.R.R. (1982), S. 44 f.

den Kreativitätsbegriff im Herrn der Ringe oder darüber hinaus? Vielleicht nicht ausdrücklich, aber im Sinne der Kreatur, des Geschöpften und des Entworfenen ist er der gesamten Geschichte unterlegt. Das Entworfene ist das Hinausgeschleuderte, das durch den Autor Geschöpfte, es ist entworfen, hinausgeschleudert und zwar aus der Phantasie und Sehnsucht des Autors hinaus in die Welt außerhalb des Geistes des Autors. Mittelerde selbst ist daher eine geschöpfte, eine kreierte Welt, erschaffen durch die subkreative Kunst Tolkiens. Er selbst wies auf die Sehnsucht hin, aus der viele Elbengeschichten geboren sind. »Im Herzen vieler von Menschenhand geschaffenen Elbengeschichten findet sich offen und verhüllt, rein oder beigemischt, das Verlangen nach einem lebendigen, wahrgewordenen Zweitschöpfertum […]. Aus diesem Verlangen sind die Elben geschaffen.«[66]

Durch die Überschreitung der eigenen Grenzen, eben durch das Entwerfen, das Hinausschleudern einer neuen, anderen Welt bzw. eines Entwurfs derselben, sollte sich der Mensch in der Romantik von konventionellen Ketten befreien, die Ketten des eigenen Seins sprengen, die eigenen Grenzen verschieben.

Das Gefühl der Schöpfungskraft ist eines der zentralen Motive der Romantik. Dabei ist das dort entworfene Kunstwerk nie eine Widerspiegelung der göttlichen Wirklichkeit der Welt, sondern nur ein Herantasten an jene. Daher zeigen das Fragmentarische und verschiedene Brüche den Prozess der Entwicklung an, jedoch auch die selbstkritische Distanz des Dichters. Der Dichter innerhalb der Romantik kommentiert sein eigenes Werk, schreibt es weiter, korrigiert

[66] Tolkien, J.R.R. (1982), S. 55

und amüsiert sich auch teilweise selbst darüber oder tritt hinter diesem zurück, externalisiert es und triff auf es erneut wie auf eine von ihm unabhängige Schöpfung und schreibt weiter daran.[67] Und bei Tolkien wird die Schöpfung, das Ergebnis des kreativen Aktes, ein Auswurf der Phantasie. Phantasie und Kreativität sind hier kaum mehr zu trennen. Sie sind ein kraftvoller Wirbel im menschlichen Denken, der Neues erschafft. »Die schöpferische Phantasie dagegen, weil sie in der Hauptsache auf etwas anderes ausgeht (das Erschaffen von Neuem).«[68]

Die Offenheit von Tolkiens Werk im Allgemeinen und des *Herrn der Ringe* im Besonderen drückt sich zugleich in seiner intertextuelle Anlage aus. Tolkiens Werke, zumal das des *Herrn der Ringe* sind im hohen Maße von Intertextualität gekennzeichnet, was soviel meint, als dass bewusste und unbewusste Bezüge zu anderen Geschichten, Mythen oder Erzählungen verarbeitet sind. Literatur besteht in einem großen Maße aus dem Kombinieren von alten Motiven, in dem Weben einer *Textilie*, die unterschiedliche Fäden miteinander verwebt und so zu einem Text kommt. Tolkien betont selbst in einer Fußnote, dass Mythen, zumal die großen Erzählungen, aus unzähligen Fäden ge- und verwoben sind, und weist ihnen emergente Eigenschaften zu.

> »Das Bild ist größer als die Summe der Fäden, aus denen es besteht, und wird durch sie nicht erklärt. Hier liegt die Schwäche, die der analytischen (oder

[67] Das hat Tolkien z.B. auch durch seine Briefe getan, wenn er sich Gedanken machte zu den unterschiedlichsten Fragen, die an ihn herangetragen wurden.

[68] Tolkien, J.R.R. (1982), S. 59

> 'wissenschaftlichen') Methode innewohnt: Sie findet vieles über Dinge heraus, die in Erzählungen vorkommen, aber wenig oder nichts über deren Wirkung in einer bestimmten Erzählung.«[69] (BB 28).

Innerhalb der Romantik galt das Offene (und damit auch Unabgeschlossene) des romantischen Kunstwerkes als eine wichtige Grundlage dafür, dass der Leser zum Weiterdenken des Werkes animiert wird. Und dadurch wiederum leitet der Leser einen nicht enden wollenden Prozess des Werkes selbst ein. Es endet nicht auf der letzten Seite, sondern bietet eine Reihe von Anknüpfungs- und Fortsetzungspunkten. Auf Tolkien bezogen sind dies zum einen die Intertextualität und zum anderen seine im Text angelegten Verweise z.B. auf frühere Zeiten, Genealogien oder Geschichten eines Volkes und des mitunter fragmentarischen Stils im Rahmen dieser Verweise, die eine Offenheit im Werk selbst erzeugen. Tolkien wollte Anknüpfungspunkte in seinem Werk setzen – Raum »für andere Geister und Hände«[70] lassen –, so dass die Geschichten fortgeschrieben und -gedacht werden konnten. Und zumindest sein Werk rund um Mittelerde besitzt eine innere Verweisungsstruktur. So weisen der *Herr der Ringe* oder der *Hobbit* zurück auf das *Silmarillion*. Und schaut man auf das Ende des *Herrn der Ringe* – oder auf die im Text nur fragmentarisch und unvollendet gelassenen Geschichten –, seien es die letzten Zeilen des letzten Bandes oder die Anhänge, wird deutlich, dass das Werk offen gehal-

[69] Tolkien, J.R.R. (1982), S. 28
[70] Carpenter, Humphrey (1979), S. 122

ten ist zum Weiterdenken durch den Leser und die Leserin, ganz so, wie es in der Romantik angedacht war.

Sehnsucht nach Sinn

»Eh Erz ward gefunden und Baum gefällt,
Als jung unterm Monde lag die Welt,
Eh Ring ward geschmiedet, war Er schon alt,
Eh Unheil erweckt, ging Er um im Wald.«
Gandalf über Baumbart

Recht zu geben ist jenem Kritiker, der einmal sagte, dass er jeden beneide, der den *Herrn der Ringe* zum ersten Mal lese, denn nie wieder werde es so sein wie beim ersten Mal. Sicherlich wächst mit mehrmaligem Eintauchen das Verständnis für diese Welt, immer neue Details werden entdeckt, die man beim ersten Lesen übersah. Man gewinnt Kenntnis und Verständnis der Zusammenhänge, doch die Gefühle, die beim ersten Lesen hervorgerufen wurden, das Erstaunen über jene Welt und ihre Bewohner, die innere Spannung und Ungewissheit mit der man gemeinsam mit den Gefährten den Weg beschritt, diese Unbedarftheit kann leider nicht wiederholt werden. Angetrieben durch den Wunsch nach Wiederholung suchen die Leserinnen und Leser häufig weitere Literatur von Tolkien und verfangen sich oft noch mehr in Mittelerde und der Gedankenwelt Tolkiens. Und so stoßen sie dann in noch tiefere Bereiche jenes Universums vor und sind von seiner Komplexität, die ja auch schon im *Herrn der Ringe* nicht gering war, und ihrer Stimmigkeit überrascht und berührt zugleich. Nicht zuletzt aus diesem Grund findet sich eine große Hinwendung unterschiedlicher Art zu Tolkiens Kosmos; musikalische, malerische, philosophische, literaturwissenschaftliche oder theologische Expressionen findet man dort, nicht zu vergessen die Freude an guter Unterhaltung. Man ist ergriffen von einer Sehnsucht nach dieser Welt, obgleich sie doch auch nicht ungefährlich und sicher ist. Diese Sehnsucht scheint unstillbar, man wird während des Lesens selbst zu einem der Gefährten.

Unter den Gefährten des Ringes, ja eigentlich bei fast allen guten Geschöpfen, die unter dem Himmel Mittelerdes wandeln, gibt es eine tiefe Sehnsucht, ein unausgesprochenes Ersehnen nach etwas Verlorenem und Vergangenem. Nur wenige unter ihnen können die großartigen Erzählungen vom Beginn und der Erschaffung der Welt wiedergeben, als beispielsweise die Zwerge, Menschen und Elben erwachten oder die Elben und Zwerge noch Freunde waren. Doch alle wünschen sich ihre Entdeckung und erhoffen sich einen Anteil an seiner Wiederherstellung. Während ihres gesamten Abenteuers rezitieren die Figuren, von Bilbo über Gimli bis hin zu Baumbart Verse, von denen sie ahnen, dass sie eine Dichtung sind, von der sie selbst ein Teil sind: Sie sind jeder ein Teil, ein Lied der musikalisch-göttlichen Harmonie Ilúvatars. Im dritten Zeitalter Mittelerdes hat die Welt einen großen Teil an Historie hinter sich, wie sich aus den Legenden, Sagen, Ruinen und den alten Geschöpfen der verschollenen Tage verdeutlicht. Alle Völker wissen, dass ihre derzeitige Situation in der langen Geschichte Mittelerdes wurzelt, die erhalten und weitergegeben wurde durch das Erzählen und die Weitergabe alter Überlieferungen. Gleichzeit sind diese alten Geschichten und Sagen, die immer wieder erzählt und weitergegeben werden, ein Ausdruck von Sehnsucht einer verblassenden Vergangenheit, die hinter allem immer noch durchschimmert, obgleich doch selbst die Ältesten unter ihnen die Erzählungen jener Zeit nicht mehr kennen: Die Zeit des Anfangs, der Anbeginn der Schöpfung durch Ilúvatar, dem Einen. »Die Weisen wissen, dass vor der zählbaren Zeit eine Rebellion geschah, die Bosheit in ihre Welt und einen Missklang in die Musik des Lebens brachte. Diese Rebellion war die treibende Kraft hinter dem Gesang des Dunklen Herrschers, der nun in den Märschen der Orks und in den Bewegungen der finsteren Reiter ertönt. Erweckt durch die leiser werdenden Töne von Schönheit, Ehre und Güte hoffen die Bewohner von Mittelerde, während sie hartnäckig ihren Weg durch den lauten Lärm des Bösen gehen, auf den Tag, an dem wieder alles gut sein wird.«[71] Sie sehnen sich nach einem goldenen Zeitalter, welches einstmals vermutlich in der Welt war, nun aber seit langem verschollen ist. Nach den Erzählungen, die über die Zeit des Vierten Zeitalters berichten, mag es zumindest für das Auenland ein Goldenes Zeitalter gegeben haben, das von Wohlstand und Stabilität geprägt war. Frodo brachte seinem Volk eine blühende Epoche, nachdem er seine Aufgabe erfüllt und das Auenland von den Grauen Anfurten aus verlassen hatte.

Tolkiens phantastische Schöpfung erweckt auch in den Leserinnen und Lesern ein tiefes Gefühl von Sehnsucht. Er selbst wies einmal darauf hin, dass im Zentrum der menschlichen Kreativität die Sehnsucht läge, »die Sehnsucht nach einer lebendigen, verwirklichbaren subkreativen Kunst.«[72]

[71] Bruner, Kurt, Ware, Jim (2001): Der Ring und sein Geheimnis. S. 14
[72] Zit. nach ebd. S. 114

Und möglicherweise weiß unser Herz es besser als unsere Vernunft: Vielleicht finden wir die Wahrheit einer Geschichte tief in unserem Herzen. Dort werden wir auch dem Wunsch begegnen, dass die Geschichte doch wahr sei. In diesem Sinne geben uns phantastische Erzählungen ein flüchtiges Fenster für unsere Sehnsucht, einen Augenblick der Geborgenheit, um sogleich ein Gefühl der leisen Melancholie und Verlassenheit hervorzurufen, nachdem man zu ihrem Ende gekommen ist. Und hier schließt sich erneut der Kreis und wir finden uns wieder bei dem oft vorgetragenen Vorwurf an die Tolkienliteratur und ihre Leser, wie oben bereits beschrieben, nämlich die vermeintliche Realitätsflucht, die man durch das Lesen von Tolkiens Büchern erreichen möchte. Tolkien lässt viele alte Werte und Tugenden durch den *Herrn der Ringe* mitschwingen. Tatsächlich schafft er es, traditionelle Werte wie Freundschaft, Ehre, Loyalität, Barmherzigkeit und Vertrauen erneut zur Geltung zu bringen. Diese vermittelt er in einer Art und Weise, dass ein breites Auditorium verschiedenen Alters und unterschiedlicher Herkunft davon berührt und angesprochen wird. Die alten Werte, der alte »Kodex« mag durch sie eine Weiterführung erfahren. Darüber hinaus mag man eigene Alltagserfahrungen in Situationen oder Geschichten aus dem *Herrn der Ringe* »übersetzen« und so möglicherweise auch neue Sichtweisen und Perspektiven erhaschen oder entdecken.

Alte und immer mehr in Vergessenheit geratene Deutungsmuster werden erneut geweckt, waren vielleicht zu Tolkiens Zeit gar nicht so fern, wie sie heute scheinen; »Tugenden«

und »Werte«, allein diese Begriffe erscheinen antiquiert, obgleich sie gerade jetzt innerhalb einer Wertediskussion eine Renaissance erfahren. Aber sind es nicht jene Deutungsmuster wie Freundschaft, Wahrhaftigkeit und Redlichkeit, die den *Herrn der Ringe* durchziehen? Deutungsmuster sind Muster, mit denen wir die Welt deuten, interpretieren, ihr ein Gesicht und eine Form geben. Sie dienen dem Menschen dazu, die Welt zu durchdringen und zu interpretieren, sie zu ordnen und zu verstehen, das eigene Handeln zu strukturieren und letztlich seinen je eigenen Sinn zu finden in einer mehr und mehr unüberschaubar werdenden Welt. So stemmen sich Tolkiens Werte, die ja eigentlich alte und konservative Werte sind und heute vom Verschwinden bedroht sind, gegen eine rastlose und entfesselte Welt, die kaum noch ein Einhalten kennt und das Nadelöhr des menschlichen Bewusstseins fast bis zur Ohnmacht niederwirft. Ein festes Fundament im *Herrn der Ringe* ist eine auf tiefsinnige Wertvorstellung fußende Moral, welche in einem Dialog mit dem Leser diesen zu einer Spiegelung und Abgleichung der im Text befindlichen Denkweisen mit seinen eigenen Anschauungen führt. Dies soll letztlich die Rückführung zur eigenen menschlichen Natur bewirken. Andreas Gloge verdeutlicht in diesem Zusammenhang:

> »In Gestalt der mythischen Sekundärwelt erhält die Symbolik eine stärkere Suggestionskraft und durch die ursprünglichen, auf jeden Menschen anwendbaren Erfahrungen und Entwicklungen der Charaktere innerhalb der Handlung bahnen sich die Wertvorstellungen des Autors ihren Weg in das Be-

> wusstsein der Rezipienten von *The Lord of the Rings*.«[73]

So spiegeln sich in Tolkiens Werken nicht nur seine einzigartige Phantasie, sondern ebenso seine Wertvorstellungen und sein Zugang zur Welt wider. Seine Geschichten reflektieren eine tiefe Sehnsucht nach einer Welt, die entweder vergangen ist oder unerreichbar scheint. Dennoch bieten auch sie Perspektiven für die Realität und für das eigene Handeln. Tolkien gibt durch sein Werk keine Handlungsanleitung für ein vernünftiges oder »richtiges« Leben. Diese Perspektiven für die je eigene Realität liegen vielmehr in einer Atmosphäre, die man als Leser atmet. Sie gibt einem das Gefühl für eine richtige Entscheidung, das Gefühl von Sinn. Man findet einen Anker, einen Bezugspunkt in einer sich ausbreitenden sinnentleerten Welt. Es ist ein Streben in uns als Mensch, eine tiefe Sehnsucht, die uns vorantreibt und uns nach einer Realität suchen lässt, in der wir einen Sinn erkennen und in der wir uns nach diesem Sinn verhalten können.

[73] Gloge, Andreas (2002) S. 98

Literaturverzeichnis

Bidlo Oliver (2002): Zeitlose Werte? Wertvorstellungen in der Fortschrittsgesellschaft. In: Büchergilde Gutenberg (2002): Sehnsucht nach Sinn. Wertvorstellungen junger Menschen im vereinten Europa. Büchergilde Gutenberg, Frankfurt/Main, Wien, Zürich

Bidlo, Oliver (2004): Verbotene Pfade nach Mittelerde? In: Hither Shore, Band 1, 2004, Scriptotium Oxoniae, Düsseldorf, S. 25-36

Bidlo, Oliver (2011): Mittelerde als Ausdruck romantischer Kreativität und Sehnsucht. In: Hither Shore, Band 7, 2010, Scriptotium Oxoniae, Düsseldorf, S. 32-47

Bidlo, Oliver (2011): Tolkien und der Jugendstil. In: Bidlo, Oliver, Eilmann, Julian, Weinreich, Frank (Hrsg., 2011), S. 117-130

Bidlo, Oliver (2012): Mythos Mittelerde. Über Hobbits, Helden und Geschichte in Tolkiens Welt. Oldib Verlag, Essen

Bidlo, Oliver, Eilmann, Julian, Weinreich, Frank (Hrsg., 2011): Zwischen den Spiegeln. Neue Perspektiven auf die Phantastik. Oldib Verlag, Essen

Bruner, Kurt, Ware, Jim (2001): Der Ring und sein Geheimnis. CLV, Bielefeld

Carpenter, Humphrey (1979): J.R.R. Tolkien. Eine Biographie. Klett-Cotta Verlag, Stuttgart

Foster, Robert (2002): Das große Mittelerde-Lexikon. Ein alphabetischer Führer zur Fantasy-Welt von J.R.R. Tolkien. Verlagsgruppe Lübbe, Bergisch Gladbach

Gloge, Andreas (2002): J.R.R. Tolkiens *Der Herr der Ringe*. Vom Mythos zum Begründer eines Genres. Erster Deutscher Fantasy Club e.V., Passau

Krege, Wolfgang (1999): Handbuch der Weisen von Mittelerde – mit Landkarten und Tabellen von J.R.R. Tolkien. Hobbit Presse/Klett-Cotta, Stuttgart

Le Blanc Thomas, Solms, Wilhelm (Hrsg., 1994): Phantastische Welten. Märchen, Mythos, Fantasy. Erich Röth Verlag, Regensburg

LeGoff, Jacques (1987): Für ein anderes Mittelalter. Zeit, Arbeit und Kultur im Europa des 5.-15. Jahrhunderts. Drumlin Verlag, Weingarten

Lösch, Walburga (1996): Der werdende Gott. Mythopoetische Theogonien in der romantischen Mythologie. Peter Lang Verlag, Frankfurt/Main, Berlin, Bern

Nester, Holle (1993): Shadow of the Past. Darstellung und Funktion der geschichtlichen Sekundärwelten in J.R.R. Tolkiens The Lord of the Rings, Ursula K. Le Guins Earthsea-Tetralogy und Patricia McKillips Riddle-Master-Trilogy. Wissenschaftlicher Verlag, Trier

Rees, Margaret (2002): Tolkien und die Flucht vor der Moderne. http://www.wsws.org/cgibin/birddc_dt.cgi

Ruprecht, Erich (1986): Geist und Denkart der romantischen Bewegung. Durchgedacht bis zur Gegenwart. Verlag Günther Neske, Pfullingen

Schenk, Hans Georg (1970): Geist der europäischen Romantik. Ein kulturhistorischer Versuch. Minerva, Frankfurt/Main

Shippey, Tom (2002): J.R.R. Tolkien. Autor des Jahrhunderts. Hobbit Presse/Klett-Cotta, Stuttgart

Schneidewind, Friedhelm (2001): Das große Tolkien-Lexikon. Von »Roverandom« bis zum »Silmarillion«, vom »Kleinen Hobbit« bis zum »Herrn der Ringe« – eine phantastische Reise durch die Welt des John R.R. Tolkien. Lexikon Imprint Verlag, Berlin

Schneidewind, Friedhelm (2008): Mythologie und phantastische Literatur. Oldib Verlag, Essen

Schulz, Gerhard (1996): Romantik. Geschichte und Begriff. Beck, München

Siegmund, Wolfdietrich (Hrsg., 1984): Antiker Mythos in unseren Märchen. Europäische Märchengesellschaft. Erich Röth-Verlag, Kassel

Tolkien, Christopher (Hrsg., 1999): J.R.R. Tolkien: Das Silmarillion. Hobbit Presse/Klett-Cotta, Stuttgart

Tolkien, J.R.R. (1981): Der Herr der Ringe. Bd. 1-3, Hobbit Presse/Klett-Cotta, Stuttgart

Tolkien, J.R.R. (1982): Baum und Blatt. Hobbit Presse/Klett-Cotta, Stuttgart

Tolkien, J.R.R. (1991): Briefe. Ausgewählt und herausgegeben von Humphrey Carpenter mit der Hilfe von Christopher Tolkien. Klett-Cotta, Stuttgart

Tolkien, J.R.R. (1998): Der Herr der Ringe/Anhänge. Hobbit Presse/Klett-Cotta, Stuttgart

Weinreich, Frank (2002): Zwei Universen. Das Verhältnis von Realität und Fiktion in den fiktionalen Werken Tolkiens. http://www.polyoinos.de/

Weinreich, Frank (2007): Fantasy. Einführung. Oldib Verlag, Essen

Wischer, Erika (Hrsg., 1988): Propyläen Geschichte der Literatur. 6 Bände, Sonderausgabe, Propyläen Verlag, Berlin

Zelton, Heinrich, Wolfe, Eduard (1996): Der neue Literaturführer. Deutsche Dichtung. Von der Romantik bis zur Moderne. Seehamer Verlag, Weyarn

Mythos Mittelerde
Über Hobbits, Helden und Geschichte in Tolkiens Welt

J.R.R. Tolkien hat mit seinem gewaltigen Epos viele Generationen von Lesern gefesselt. Die Komplexität und Schönheit Mittelerdes rufen bis heute bei einer Vielzahl von Menschen großes Interesse hervor. Taucht man ein in Tolkiens Werk, begegnet man einer vielgestaltigen Welt, die allerlei Mythen und Rätsel verborgen hält, welche Tolkien in seine Texte hineingelegt hat. Diese reichen von der mittelalterlichen Zahlenmythologie, die Tolkien in seine Werke versteckte, bis hin zu alten Sagen und Legenden. Interessierte Entdecker mögen mit diesem Buch neue Pfade nach Mittelerde finden und einigen dieser Rätsel und Andeutungen auf die Spur kommen. Mit einem Vorwort von Frank Weinreich. ISBN 978-3-939556-32-, Preis 14,00 €, 160 Seiten